零售密码:品类管理

从“摆地摊”到“零售巨头”，所有零售商共同的底层逻辑

张 良◎著

中国商业出版社

图书在版编目（CIP）数据

零售密码：品类管理 / 张良著．-- 北京：中国商业出版社，2023.2（2023.6 重印）
ISBN 978-7-5208-1694-6

Ⅰ．①零… Ⅱ．①张… Ⅲ．①零售业—商业管理 Ⅳ．① F713.32

中国版本图书馆 CIP 数据核字 (2021) 第 139486 号

责任编辑：许启民
策划编辑：武维胜

中国商业出版社出版发行
（www.zgsycb.com　100053　北京广安门内报国寺 1 号）
总编室：010-63180647　编辑室：010-83128926
发行部：010-83120835/8286
新华书店经销
福建省天一屏山印务有限公司印刷
*
787 毫米 ×1092 毫米　16 开　9.75 印张　150 千字
2023 年 2 月第 1 版　2023 年 6 月第 2 次印刷
定价：46.00 元
* * * *

自　序

零售是直接将商品或服务销售给个人消费者或最终消费者的商业活动，是商品或服务从流通领域进入消费领域的最后环节。为了提高零售的效率，我国发明了“集市”，美国发明了“超市”（Super market），而日本则提出了“零售学”这个崭新的分支学科。

随着我国经济的迅猛发展，“经典零售学体系”还没有来得及为国人所熟知，互联网时代就来临了。有人说在互联网时代，过去的经典营销理论尤其是针对实体商超或店铺的经典零售学理论已经过时了。

然而，在下结论之前，我们真的系统而完整地研究过“零售学”的经典理论吗？在我们还没有完全弄懂“加减乘除”法的时候，就被时代推上了“微积分”的舞台，我们真的有胜算吗？

“营销”这两个字其实包含了“经营”和“销售”两个意思。长期以来，有些商人尤其是零售业者，由于缺乏对经营和销售的系统梳理，致使许多实体商超或店铺在网超的冲击下举步维艰。很多经营者将自己改造成了推销员，而不是具有战略眼光的经营者。

其实不管是实体店还是网店，经营向好的本质都没有变，经营所面临的各种资源困境也没有变。在经营中取得成功的核心永远都是研究顾客，也就是研究人性。而零售学中最核心最经典的莫过于“品类管理”理论，它使“沃尔玛”（Walmart）走出泥潭，使“宝洁”称霸市场，它是所有商人必备的思维方式。

那么，“品类管理”究竟是什么？它从哪里来？又将带我们向何处去？

本书旨在向读者原汁原味地呈现这个包罗万象的零售学核心理念，并以图表的形式作为主要的叙述方式，以便读者的理解与阅读，力求在这个碎片化阅读的时代，用最短的时间向读者传递最大量的信息。

——2020年夏

导 读

这是一本为想开自己的超市、小卖部或正在超市做管理、采购的人而写的管理方法指南。

这是一本讲述零售经典理论的专业书，讲述的是如何成为一位合格的零售商。不管你是在小区楼下开小卖部，还是在大型商超做经营管理，本质上都是在做零售生意。问题是，零售生意该怎么做？

这是一本讲述经营大零售、小零售都用得到的底层逻辑。所谓“底层逻辑”，就是通用的“思维方式”和“思考方式”。

全书共117张原创信息图表，让艰深、专业的零售管理知识易懂！易用！易落地！

目　录

第一章　品类管理　你是谁

■ 品类管理的起源

20世纪70年代末80年代初，美国的零售业经历了一场大规模的“滞胀”。“滞胀”一词原是经济学中的一个概念。一般来说，经济高速发展，会伴有控制在一定范围内的、良性的通货膨胀，也就是说，如果出现了小幅的通货膨胀，经济指数尤其是GDP也会上升，这两者是正相关的。

但“滞胀”是指“高通货膨胀率”与“经济发展（一般以国民生产总值为指标）停滞”同时存在的矛盾情况，也就是经济出现了大萧条和金融崩溃。

这个概念后来被引申到其他的领域中，比如：在竞技体育的产业中（尤其是职业足球、职业篮球等），“滞胀”一词代指一个球队引入了大牌教练或很多大牌球星，但成绩和经营状况出现了停滞甚至恶化的“不正常”情况。

零售业中的“滞胀”是指“物美价廉、品种丰富的商店”与“怨声载道、欲求不满的顾客”并存的矛盾现象。

顾客有钱，也有强烈的购买欲望，而零售商手中也有着充足的货源，并不存在生产力不足或需求不足的情况。但是，一方面，零售业店面里的商品琳琅满目、堆积如山，卖不出去；另一方面，顾客的冰箱里却空空如也，总是不能满足自己的欲望。

美国的这场“滞胀”，让当时很多零售巨头和生产商濒临破产，也同时让从业者们开始了深层的反思。这其中，就包括沃尔玛和宝洁。

1988年，宝洁公司也像其他企业一样陷入了“滞胀”的困境。公司的市场份额停滞不前，品牌盈利能力、品牌忠诚度日渐下降，公司面临着巨大的压力。另外，作为工业文明供应链的终端，沃尔玛的业务也出现了“滞胀”，沃尔玛的首席执行官山姆·沃尔顿不得不开始思考今后的路要如何走下去。

针对这种情况，山姆·沃尔顿与时任宝洁首席执行官的约翰·白波倡议，对企业的供应链应从源头到终端进行彻底地梳理分析，以便建立高效的从工厂到顾客的物流储运体系，并努力发展合作伙伴关系。

1993年，沃尔玛和宝洁的研究人员在总结实践经验的基础上，首次推出了

"顾客高效回应系统"（ECR），其核心理念就是"品类管理"（CM），并将其定位为企业的发展战略之一。还成功建立了品类管理体制，设置了品类/采购经理的岗位，探索出了完善的品类管理流程与品类策略，将品类管理演化为日常业务工作的基本思维方式和工作方法，品类管理者具体负责该品类的数据分析、品牌优化、货架陈列、定价策略和广告宣传等。

ECR是Efficient Consumer Response的简称，中文翻译为"顾客高效回应系统"。意为零售商通过与供应商的紧密合作，以顾客的需求为根本出发点，减少不必要的经营成本、库存成本和固定资产，增加产品的价值，实现顾客利益最大化。

ECR由此在零售行业中得到了广泛运用，经过大量的实践证明，其效果非常显著，并推广到了北美、欧洲、亚太地区。

▲ECR的核心思想

零售商与供应商要共同重视顾客的需求，把以往用于交易谈判的大量时间、精力、金钱转移到关注和满足顾客需求上来，实现顾客的需求价值最大化，以此形成零售商、供应商、生产商、顾客共赢的格局。

▲品类管理是ECR战略的主体内容

品类管理的前提是要了解和分析顾客的需求和购买动机，把握各个品类在"顾客的购买决策过程"中的角色和作用，以便选择适销对路的产品。

品类管理的实施使ECR战略的开展成为可能，这主要是由于品类管理以品牌优化、促销推广、库存补充管理以及新品引进作为提高经营效率的具体策略。

▲品类的定义

能满足顾客某种具体需求的、相互关联的且可相互替代的一组特定的商品或服务。

▲品类管理的定义

以真正给顾客提供价值为中心和出发点，以提高经营效率为目的，把品类作为一个战略单位，通过顾客的需求，使零售业和制造业协同合作，以此来实现高效经营与管理的过程。

以前，从厂家到零售商，大家都不把顾客的真实想法当回事，市场上可买到的商品并不多，顾客也没有那么讲究，大家的生意都还比较好做。然而，随着时代的进步，在生产力发展到一定阶段后，美国的老百姓便开始了他们的消费升级（也就是变得越来越讲究了），可是，厂家和零售商们都没有意识到这股暗流，所以，就一下子出现了“滞胀”。

在大家都还在迷茫中挣扎和纳闷的时候，沃尔玛和宝洁就首先反应了过来，两家企业一起以顾客的想法作为自己的经营宗旨，经营状况自然也就渐渐好了起来。

人类最擅长的是什么？就是“建模”。人类每解决一个难题，就会把相应的解决方法变成方法化、流程化、制度化的“模型”，以此来避免同样问题的发生。

沃尔玛的老板，也把自己从这次“滞胀”中得到的经验，变成了一套“流程”“方法”“制度”，也就是“模型”，还给它起了个名字叫“ECR”，其中的思维方式与方法论就是“品类管理”。

所以，品类管理既是一种处理日常经营业务工作时的思维方式，也是一种方法、流程、制度。它的核心理念，就是企业的一切经营战略都要以顾客的需求为出发点，尤其是对商品的定义、开发和分类，也应该以顾客的需求为标准来进行（见图1-1）。

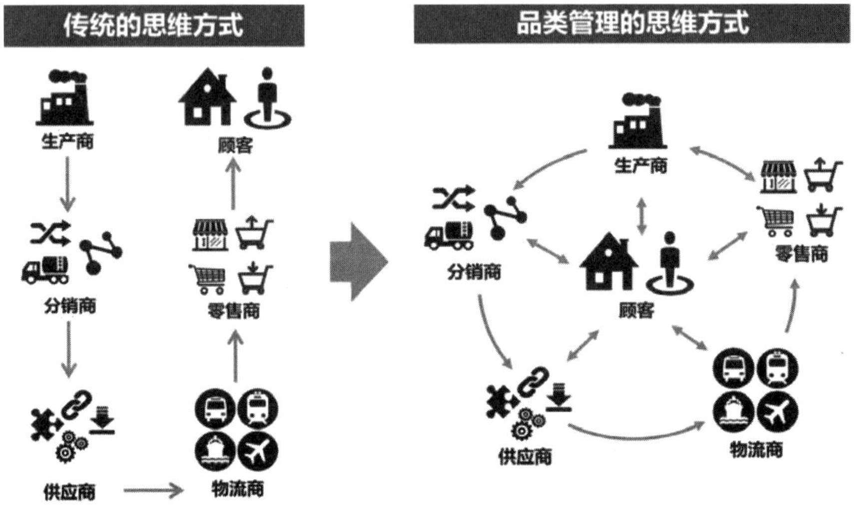

图1-1　品类管理是一种思维方式与方法论

图1–1通过图文两套系统，向您系统地、原汁原味地介绍了“品类管理”这套思维方式与方法论。

■ 品类管理的作用

品类管理主要有如下几个方面的作用。

一是解决了商品到底该按什么分类的问题；二是解决了商品究竟该按哪个方向开发的问题；三是解决了企业资源分配的难题；四是以理性的推导避免了很多不必要的会议和争论；五是平衡了顾客和零售商、生产商的利益。

采购员明白了以上几个方面的作用，就具备了品类管理的思维方式，其工作就变成了一个环，如图 1–2 所示。因此，从图 1–2 中可以看出，品类管理是一个方法、过程，而不是一个工程、项目。工程、项目有始有终，而方法、过程是一种思维方式，它永无止境（见图 1–3）。

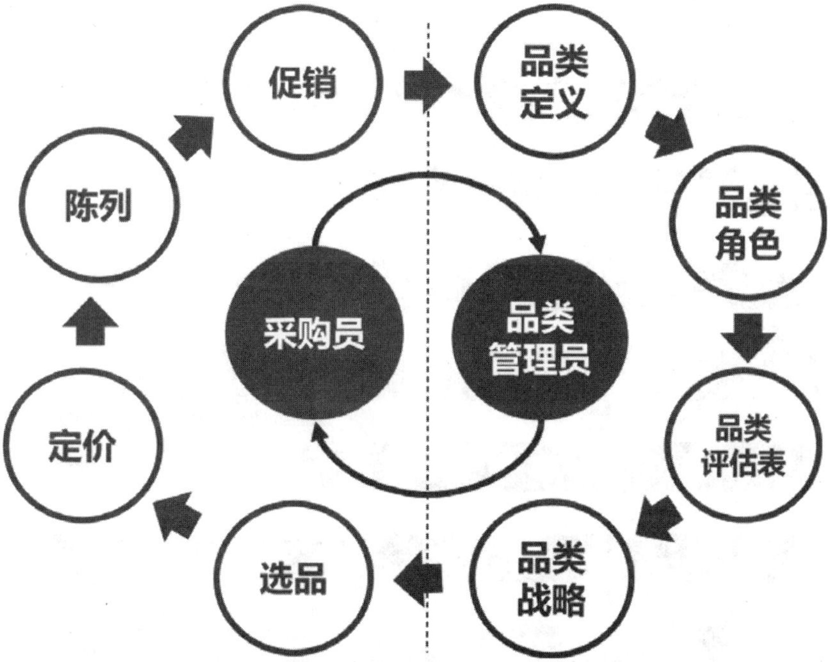

图1–2　采购的工作是在采购员和品类管理员的角色间不断转换的

图1-3　品类管理是一种永无止境的思维方式

■ 品类管理的实质

品类管理是采购/经营者必备的一种思维方式和工作方法，它的核心思想就是一切生产和经营活动都应以顾客的需求为前提，这也是目前流通业实现高效协作的前提（见图1-4）。

图1-4　品类管理的8个步骤

■ 品类管理的思考与实施的步骤

本书从第二章起，将按照这8个步骤，逐步介绍品类管理的具体内容。

■ 零售业的基本问题

什么是零售业的“基本问题”？所谓“基本问题”，就是在某个领域中，无论您采取了什么样的行动和具体策略，最后总会有无法绕开的几个关键点，即：无论您做了什么、怎样做，最终都会落到那几个关键点上。

以足球为例，无论你是什么阵形、什么阵容、什么战术等，这些最后都是为了“传球（推进）”和“射门（得分）”这两个基本问题服务的。

而零售业的“基本问题”就是4P，即：选品、定价、陈列、促销（见图1-5）。

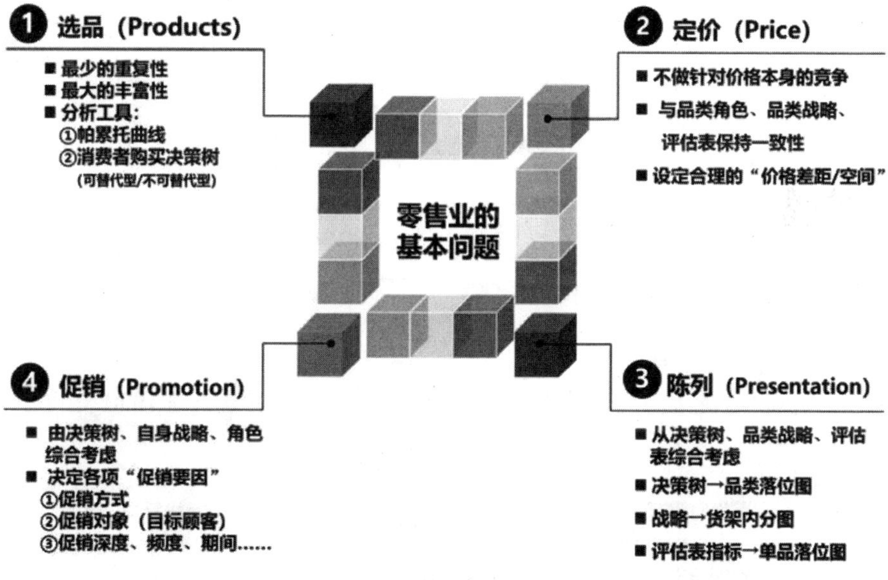

图1-5　零售业的基本问题：4P

在零售业的领域中（甚至是所有的买卖行为中），无论您做什么，怎样做，其实在本质上，都是在做这四件事（4P）而已。

长期以来，零售业都将“市场营销学”作为行动的理论基础（见图1–6），直到20世纪80年代末90年代初，零售业出现了“滞胀”，才使得业内人士开始反思从制造业产生的市场营销学理念，是否真的适用于零售业。

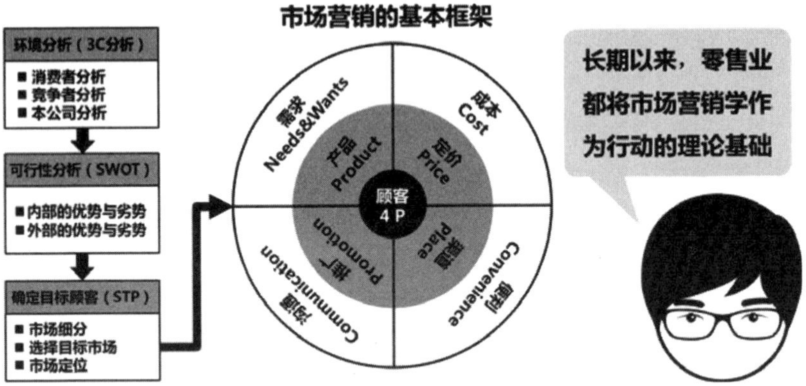

图1–6　市场营销的基本框架

经过了这10年的研究和摸索，以市场营销学为基础，发展出了一套零售业自己解决问题的营销方法——品类管理（见图1–7）。

图1–7　从市场营销学到品类管理

因此，这一章最核心的要点就是：品类管理并不是一个流程或制度，它是一套解决问题的方法和思维方式。因此，它应该是每个零售从业者本身就应掌握的一项思考技能，尤其是从事采购工作的人。

有些零售企业在采购部门之外，还会另外再成立一个“品类管理部”，这其实就是没有理解品类管理的概念。

品类管理就是采购员工作的思考方法和工具。成立了专门的品类管理部，让别人替采购员去思考，那采购员的工作内容又是什么呢？

■ 采购的基本工作

综上所述，零售业者/采购员的基本工作，就是运用品类管理的思考方法，来制订“营销策略（4P计划）”，并将其实施到位（见图1-8）。

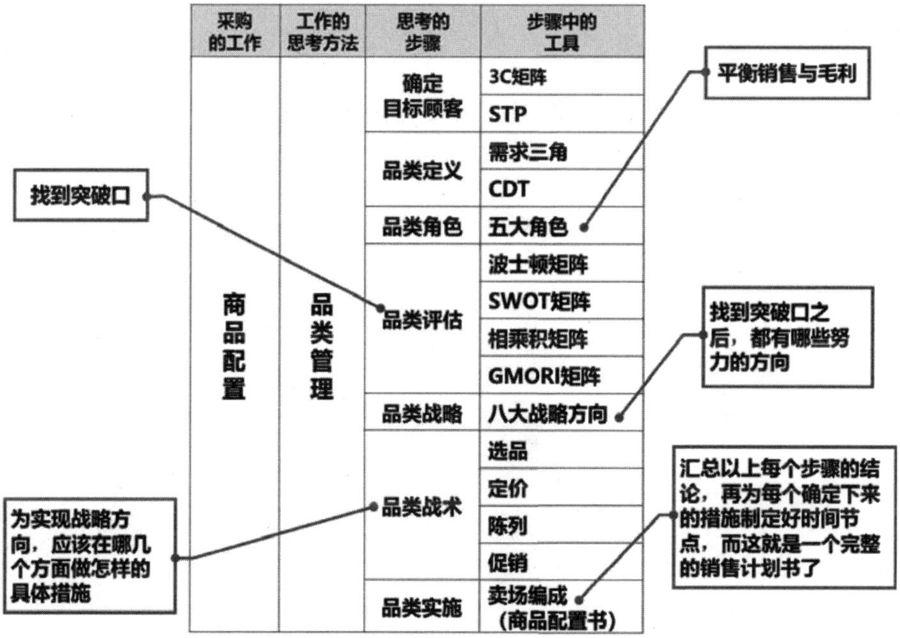

图1-8　采购员的工作内容

总而言之，“品类管理”本质上就是一个“通过一系列严格缜密的推导，得到一份具有可行性的营销计划书”的思考工具。

第二章　品类定义

品类定义，就是定义品类，即：确定该品类中应包括的商品范围（见图 2-1）。

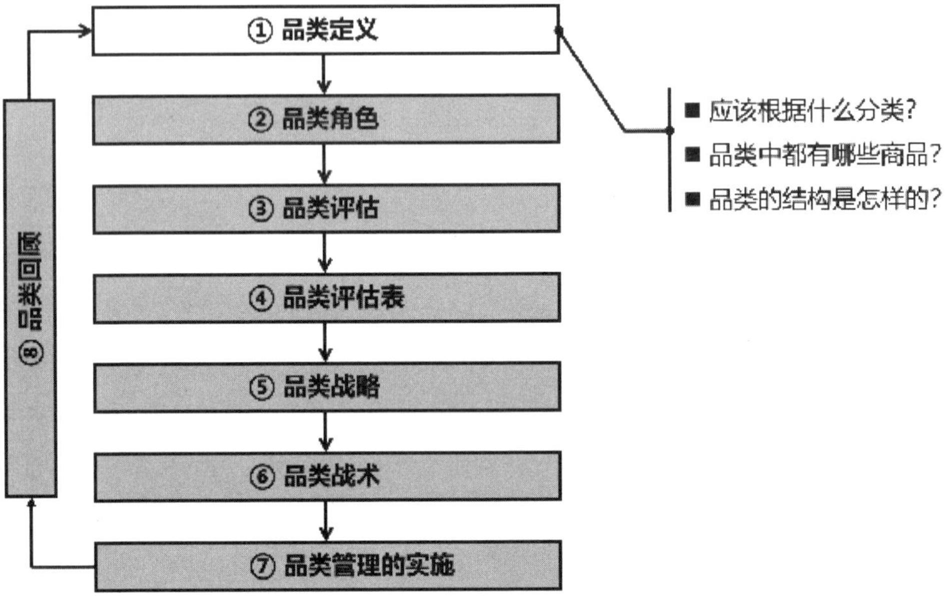

图2-1　品类管理步骤中的品类定义

如果您是一个小卖部或淘宝店店主，而您手里的钱又非常有限，甚至大部分的钱都是找亲戚朋友借来的，身边仅仅只有一个伙伴与您一起打理这个小店，对这样一个资金、人员都非常有限的小店来说，首先要解决的问题就是确定自己的经营范围，即：自己要经营哪几“类”商品？这些“类”中应该包括哪些商品？

经营得太多，财力和人力无法支持小店的周转；经营得太少，又不能吸引顾客。然而，究竟什么才是“类”呢？又该如何对市场上众多的商品分类和取舍呢？其实，世上本没有“类”，在某种划分标准/角度之下，才有了“类”，但您又真的会分类吗？

我们都知道，经商遇到的第一个难题，不是融资，不是找人才，而是确定自己的经营范围，也就是找到一个好项目。而确定经营范围的实质，就是确定以什么为原则制作自己的商品分类表。这就引出一个概念：“品类”。也就是把众多商品按一定的分类标准，分成一个个不同的商品集合（见图2-2）。

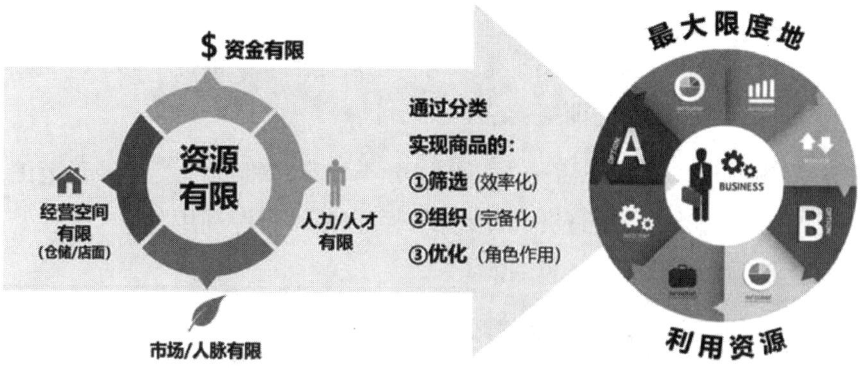

图2-2 确定经营范围 → 分类筛选 → 资源利用最大化

■ 商品到底该按什么分类

到底应该依据什么判断A与B是不是同类？下面来看一个例子（见图2-3）。

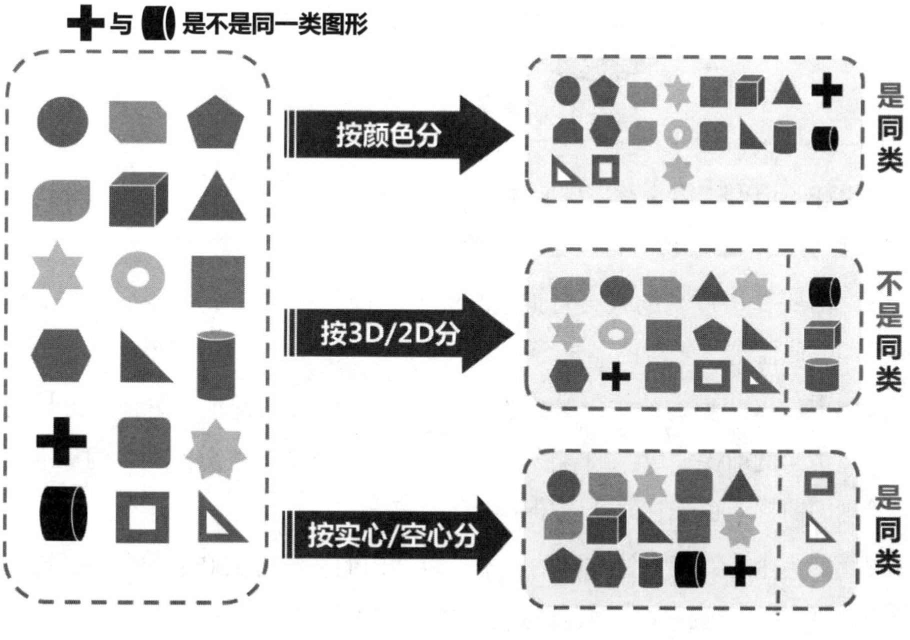

图2-3 依据不同的分类标准，分类的结果完全不同

现在，我们把开门做生意的思路梳理一下：①“确定分类标准”是对“商品分类”的前提；②“商品分类”是“确定经营范围”的前提；③“确定经营范围”是“开店（经商）”的前提。

由①②③可知，正式开店分为三步：分类标准，商品分类，经营范围。因此，经商的前提或者说首要任务，就是找到可以使“资源利用”与“经营利益”最大化的“商品分类标准”（见图2–4）。

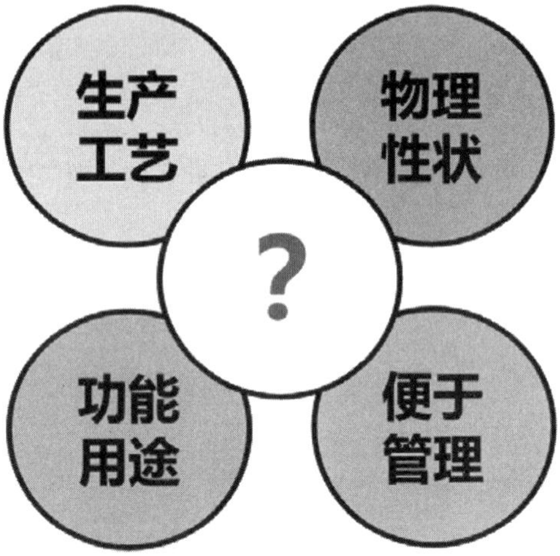

图2–4　究竟依据什么对商品分类

如果您还记得“第一章”中所述的美国的那场“滞胀”，您就应该知道，图2–4的这些分类标准，统统都不是那个能让您笑到最后的答案。

从“滞胀”中过来的人会告诉您，无论在同行中看起来有多么奇葩，只有“按照顾客的需求”来对商品进行逐级分类，才能让您的小店蒸蒸日上。

零售商应以“顾客的需求”作为对商品/服务的分类标准，就像“理性人假设”是经济学的前提，以“顾客的需求”作为商品分类（划分品类）的标准就是品类管理的前提，也是在商业竞争中生存的前提。

以顾客为中心，服务好自己的客户，以他们的思维方式和需求作为自己一切经营方针的前提，就是品类管理这套思维方式的核心（其实也是所有生产、经营、处事的秘诀）。

现在，在这个共识之上，重新定义商业社会中的“类”。

品类是指在满足顾客的某种需求上，具有关联性或代替性的、可以明确地实施管理的商品或服务的集合。

所谓“品类管理”，也就是采购/经营者将所有商品，以“顾客的需求”为分类标准，划分为各种“品类”，然后以这些“品类”为单位，进行日常的经营和管理。它是零售业者展开一切经营活动的底层逻辑。

明确了分类的标准，接下来就是定义每个品类中包含的商品内容，而这个思维过程，就是品类管理中的第一个步骤：品类定义。

品类定义就是定义品类（也就是“分类”），即：围绕顾客的某一需求对商品进行分类和筛选的思维过程。

■ 品类定义（对商品分类）的工具

对商品的分类，可以有很多种描述和记录的形式与工具。比如：表格法，树形图，示意图，文字描述，等等。

其中最常用的就是树形图。分类中各层级的分类标准、先后顺序、各分支的区别和联系等，都可以在树形图中非常清晰地表示出来。

树形图可以是纵向延伸的，也可以是横向延伸的，甚至可以以一个点为中心，向四周延伸开去。而这其中，横向延伸的树形图最能明确表示对商品分类的思维过程和结论，也因此成为业内应用最广泛的分类描述工具。

一般来说，在树形图中，分类的层级从左至右逐级展开。

最高级的是第一层，我们称为：品类，某某范畴内的一组商品；第二层称为：次分类；第三层称为：次次分类；第四层称为：次次次分类；第五层称为：次次次次分类。如果往下还有的话，就要不断地加层级，以此类推。

现在，我们来看一个例子：图2-5是一个零售商针对与宠物有关的商品的分类树形图。

仔细观察一下图2-5中的分类方式，我们看到，这个树形图将有关宠物的商品，从左至右分为了4个层级。

层级1是按照零售商内部的部门分工为分类原则，将与宠物有关的商品分为

“食品”和“非食品”两大类，这也就意味着，这个零售商内部将分别由食品部和非食品部这两个部门来管理这些商品。

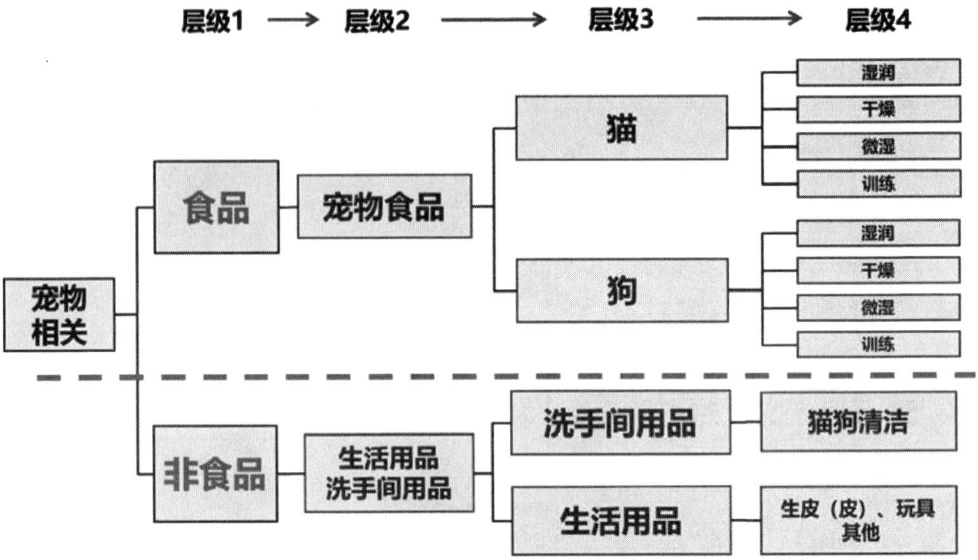

图2-5　某零售商对宠物相关商品的分类树形图

层级2到层级4分别是对与宠物相关的商品在各自的“食品”与“非食品”部门中，按照“适用对象/适用场所”“商品性质”等原则对商品做进一步的细分。

这里要特别说明的是，传统零售业者们习惯将市场上所有的商品分为“快消品”和“慢消品”两个大类，其中快消品中又分为“食品快消品”和“非食品快消品”两大门类。这就是为什么有些超市将洗发液、抽纸、卷纸这类商品的分区设置在了食品区的附近。

您从图2-5中层级1的划分方式中也可以看出，这家零售商的经营者一上来就是按照“方便零售商自己内部管理”的原则，将与宠物相关的商品分成了两个大类（食品/非食品）。也就是说，这家公司的老板对于商品分类的最高原则是“公司的组织架构”。这种“以我为主”的分类方式恰恰就是“滞胀”出现前大多数零售商的分类方式，或者说是最可能导致“滞胀”的分类方式，亦即忽视顾客需求的分类方式。所以，应以“顾客的需求”为标准制作“商品分类树形图”。

基于这个前提，如果仍以图2-5中的内容为例，以顾客“养宠物”的这种需求为标准重新进行品类定义，那么，食品也好、非食品也好，凡是与“养宠物”相关的商品就应该被归入同一部门、同一品类。

现在问题来了，如果以“顾客的需求”作为分类标准来制作“商品分类树形图”，那么，应该按照怎样的思维过程进行思考和分析呢？

讲到这里，应该给您介绍一下怎样才算是“理性”的思考与分析。相信您在平时的工作和生活中，都碰到过遇事靠“拍脑门儿”做决定的人。这种“散点式”的思维习惯，除非少数情况下的灵光一现，一般是不会得到什么理想结果的。

如果想得到一个可预期或可控的结果，您的思维至少应该是“一条思考线”，尝试从各个不同的分析角度出发，将各个分析角度上得到的“思考线”串在一起，连成一个“思维网/面”。这样的思维方式才是一个理性的思考与分析过程，即：思考步骤+分析角度+分析工具=理性思维系统。

正是这“无逻辑的散点式思维”与“理性周全的线网式思维”之间的不同，造就了“张飞的莽撞”和“诸葛亮的缜密”。

您可能没有诸葛亮的天分，但幸运的是，您生活在了一个伟大的时代，这个时代让您可以通过学习前人留下的各种思维模型和分析工具，来改善您自己的思维方式、弥补您在天分上的不足。其实，我相信即便是诸葛亮本人，也肯定是通过长期的学习才将自己的天分发挥到极致的。读书和学习的意义，也正是通过学习，将前人的经验“内化”，以此完善您对各种事物的分析模型，进而改善您的整体思维方式。

“品类管理”本身就是一个从实践中总结出来，又经过新的实践检验过的“理性全面的思维方式与分析工具”，它与其他的理论和工具一样，是由一系列“思考步骤”和各个步骤中无数的“分析工具”组成的一套完善的思维系统。品类定义作为品类管理的第一大思考步骤，它自己又包括4个小思考步骤，每个小步骤中又有自己独特的“分析工具”。

■ 品类定义的4个步骤

步骤 1：确定顾客的需求。

分析工具：需求决定三角（以下简称需求三角）。

步骤 2：确定商品群。

分析工具：选品漏斗。

步骤 3：确定树形图的层级构造：顾客购买决策树。

分析工具：顾客思维阶梯。

步骤 4：不重复不遗漏分析法。

分析工具：可替代性：有可替代品的层级（层级）。

不可替代性：无可替代品的层级（层级）。

具体见图2-6。

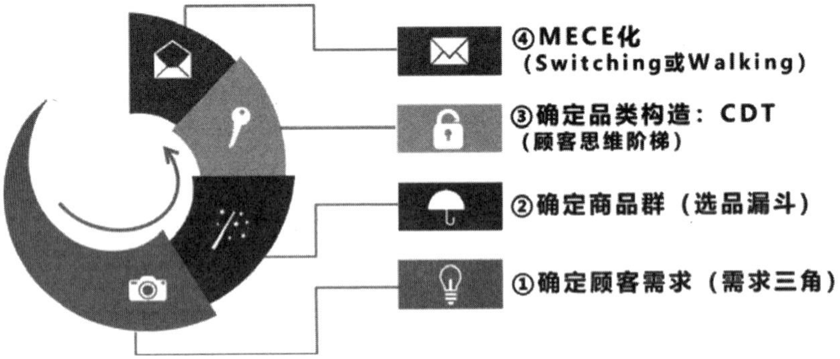

图2-6　品类定义的4个步骤及分析工具

通过利用以上4个步骤进行分析，并最终得到一幅以“顾客的需求”为标准的“商品分类树形图（决策树）”的过程，就叫作“品类定义”。

现在，您就可以通过以上4个步骤，利用各个步骤中的分析工具，重新定义“宠物相关商品”这个品类，即：围绕顾客“饲养宠物”这个特定的需求，对市场上的商品进行分类和筛选。

1.确定顾客的需求（初定经营范围）

既然要以顾客的需求作为经营的起点，首先就要分析顾客都有哪些需求。人类的需求是从满足基本的生理需求开始，不断地向更高的需求发展的。关于人类需求的研究，最著名的研究成果就是“马斯洛需求层次理论”（见图 2–7）。

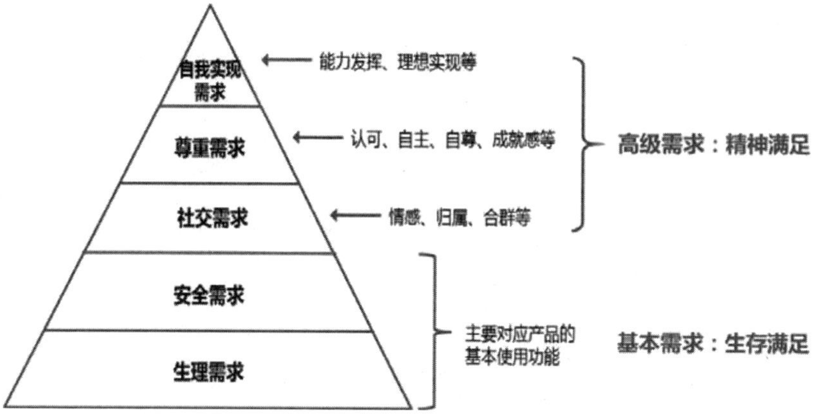

图2–7　马斯洛需求层次理论

企业确定自己的经营范围，实际上就是确定自己要通过哪些商品，来满足顾客哪几个层次的需求（见图2–8）。

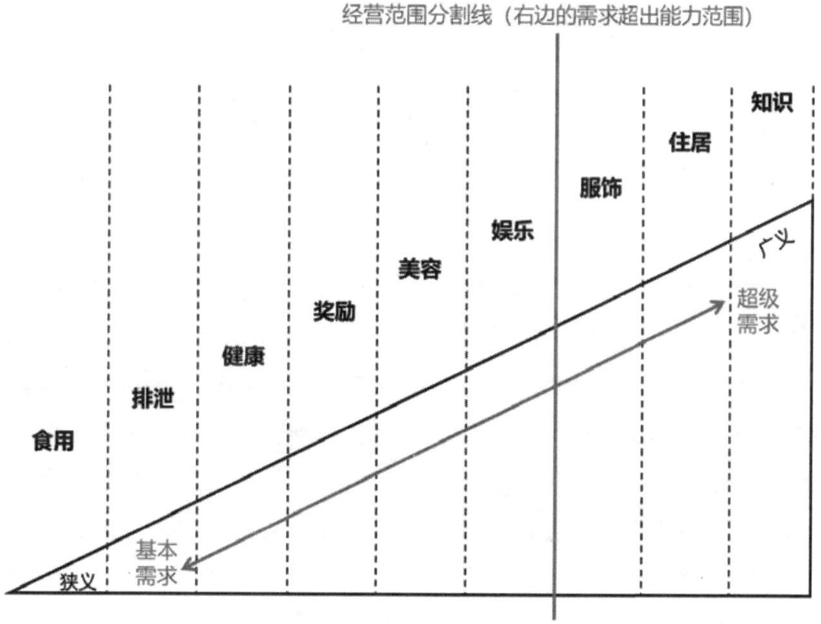

图2–8　需求决定三角 —— 依需求层次，将顾客的需求逐级列出

从马斯洛的思路出发，您可以将顾客“饲养宠物”的需求，从最基本的需求逐渐向高级延伸和分层。帮助您完成这个思维过程的分析工具就叫作“需求决定三角”。

图2-8就是利用“需求决定三角”对“饲养宠物”这个需求的逐级分层，现在让您来仔细看看它的使用思路。

（1）需求三角是一个向右上方延伸的“斜坡”，越往上的需求就越复杂越难以满足。左下角是针对顾客某一方面需求中，最基本、最狭义的需求层次；右上角是最复杂、最广义、一般人甚至只会想一想的超级需求。

在构建“需求三角”的时候，从左下角开始，到右上角，把自己置于顾客的立场上想想，如果是自己的话，会逐级满足什么样的需求层级呢？然后再将这些需求一层一层地标入“需求三角”的斜坡上。

接下来，就是拿着自己的“需求三角”去征求更多人的意见，最常用的方法就是在公共场所对路人做“无差别抽样调查”（当然在现在这个时代，可以利用微信朋友圈、官网投票等方式来瞬间取得相当庞大的数据样本），以此使个人偏好对制作需求层级时的干扰降到最低。

（2）现在具体到我们的例子中来，最左下角的位置就是“饲养宠物”这个大需求中最基本的需求层次——“生存”。也就是首先要保证能让您的宠物活下来的食用品。然后，需求的层次向着右上角一路上升：食用→排泄→健康→奖励→美容→娱乐→服饰→居住→知识……

当然，您可能在具体某个层级的排序上会有不同意见，这很正常，现在只是暂且以这样的顺序来展示“需求三角”的使用方法，至于例子中的“结论”（如果它算是结论的话），您姑且将它算作经过充分讨论和证伪过的最终结论。

（3）在确定了“需求三角”各个层级的构造之后，作为经营者/采购员的您，现在要把自己想象成一个攀登者，您的任务就是要来攀爬这个斜坡，企业的资源（资金、人才、社会影响力等）就是您的“体力”，记住您的体力是有限的，您不可能也没必要爬到顶峰。所以，您需要好好斟酌一下，以您现在的体力究竟能爬到哪一级。

这里有个小技巧来帮助您决定哪里是攀登的终点，即在每个层级的下方，标出了满足这一层级需求的代表性商品（这个方法叫作“抽象问题具体化”，最早在数学界中的归纳法中被广泛应用）。图2–9是全部标好代表性商品的“需求三角”。

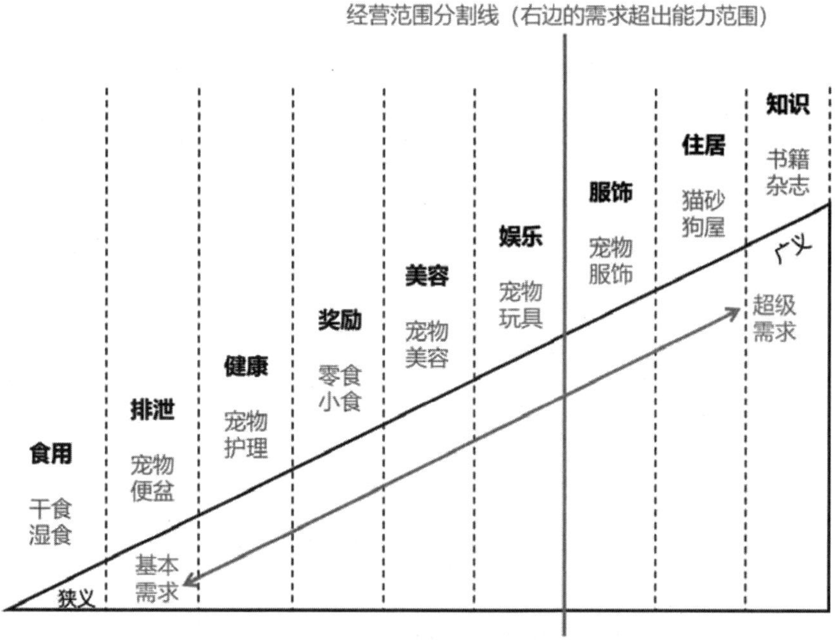

图2–9“需求三角”的填充：为各种需求层次填入代表性的商品

这时，您的任务就是查看一下这些标出的代表性商品是不是“靠谱”的商品。所谓“靠谱”，就是想一想您身边养宠物的人或是您自己养宠物时，会不会给宠物购买这些具体的商品。带着这个问题，从左至右，逐个慎重地考虑一下，如果当遇到某个商品让您犹豫不决时，这个商品所在的层级就是您攀登这个斜坡的终点。

（4）在终点层级那里，纵向画一条竖线，图2–9中那条加粗加深的黑色竖线叫作“经营范围分割线”，这条线左边的那些需求层次就是您的经营范围，您接下来的任务就是将手中的资源合理地分配到这个范围内的每个需求层次；凡是这条线右边的需求层次，都是大多数人不会有实际能力去实现的需求，所以您不能把宝贵的经营资源分配到这些需求中去。

为保证带给您最原汁原味的“品类管理”理论，这个例子中的“需求三角”是直接引用了品类管理初创资料中的例子。在以前，“宠物服饰”还被认为是极少数家庭的奢侈品，因此在本例中，“宠物服饰”被列为了不现实的超级需求。

但如果放到现在的话，“宠物服饰”无疑已经成为饲养宠物的常见装备。这也告诉您，随着生产力的发展或经济周期的变化，您的“经营范围分割线”也应该随之不断地向左（经济萧条时）或向右（经济繁荣时）调整，否则就会被时代抛弃！

2.确定商品群（进一步筛选商品范围）

“需求三角”虽然筛选出了您经营能力所及的需求层次，排除了那些不现实的需求层次，但是，市场上能满足这些需求层次的商品/服务成千上万，您显然没有能力也没有必要把它们全部放在自己的门店或购物网页里。所以就要根据经营者/采购员自己的资源和能力，进一步作商品级别的可行性筛选。在这一步骤中帮助您做分析的思维工具叫作“选品漏斗”。

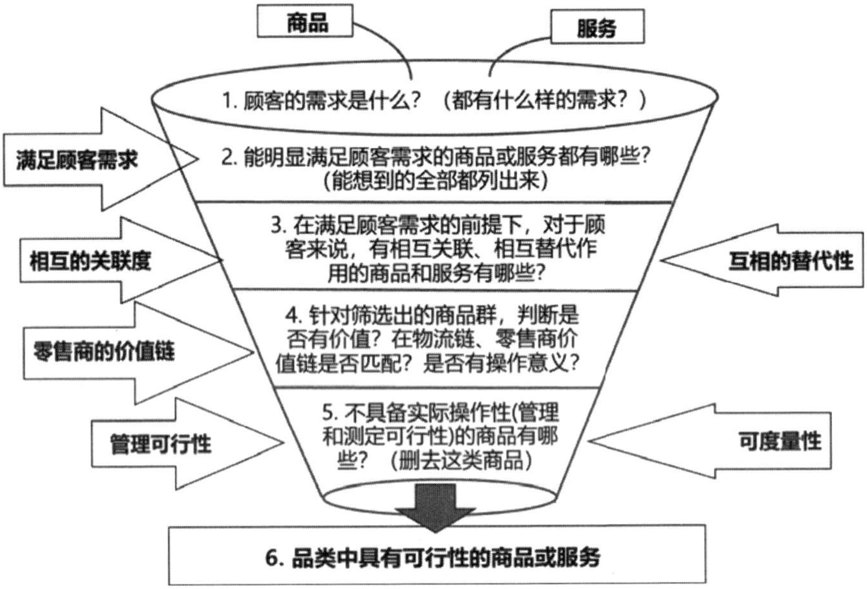

图2-10 “选品漏斗”模型

图2-10就是一个“选品漏斗”的模型，这是一个有4层过滤网的漏斗，现在想象您手中有一只装满液体的大桶，里面的液体是由各种各样的商品和服务构成的。这些商品和服务就是那些能满足您从“需求三角”中筛选出的需求层次的商品和服务。现在您要把这桶商品和服务倒入“选品漏斗”，经营资源的有限性对

您经营行为的种种限制，就是这个漏斗中的滤网，每一层滤网对应着一种资源限制。

这里需要注意的是，“选品漏斗”的结论依然是概念性的，是进一步对“需求三角”中写出的代表性商品的筛选。具体做法如下。

（1）针对“需求三角”中筛出的每个需求层次，写出能想到的一切能满足对应需求层次的代表性商品，可以是一线、二线品牌，也可以是具体的产品，最好分出高中低三档。由此，您就得到了前面说的“满满一大桶”的商品/服务的概念。

（2）把这“一大桶”商品通过“选品漏斗”的过滤网（资源限制）进行层层筛选，最终得到比较具象的商品/服务的经营范围概念。注意！是概念，是具象的概念就可以，而并不需要一个非常具体的最小存货单位的清单。真正精确到具体的最小存货单位级别的商品清单，是“品类战术”层面需要解决的问题，后面会具体展开论述。

接下来就利用“选品漏斗”模型对“饲养宠物”这个品类作进一步的可行性筛选（见图2-11）。

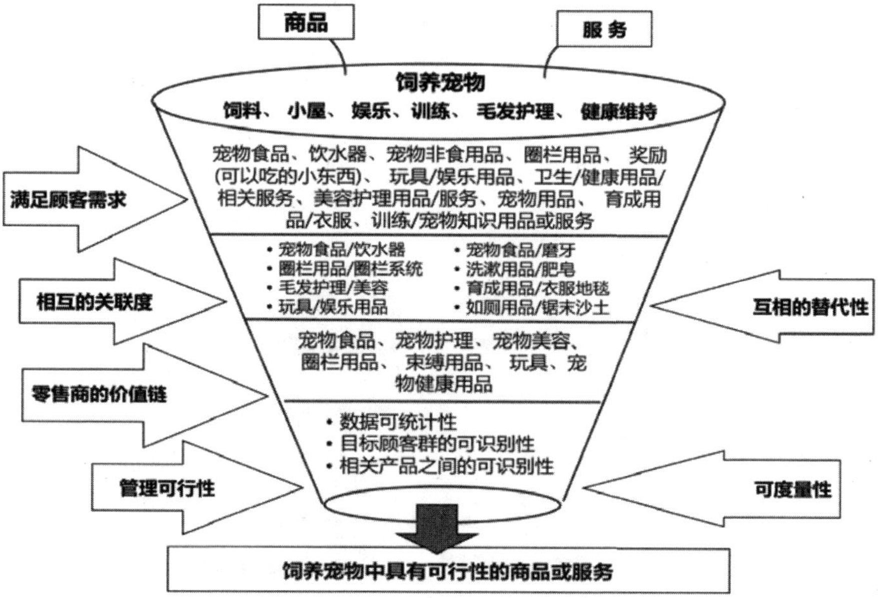

图2-11　“选品漏斗”举例：对“饲养宠物”进行商品筛选

小结：如果说“需求三角”筛选的是企业具有现实可行性的“需求层次”，那么“选品漏斗”就是从这些需求层次中再进一步筛选出现实可行的商品/服务，即：“需求三角”筛选的是“需求层次”，“选品漏斗”筛选的是“商品/服务”（见图2-12）。

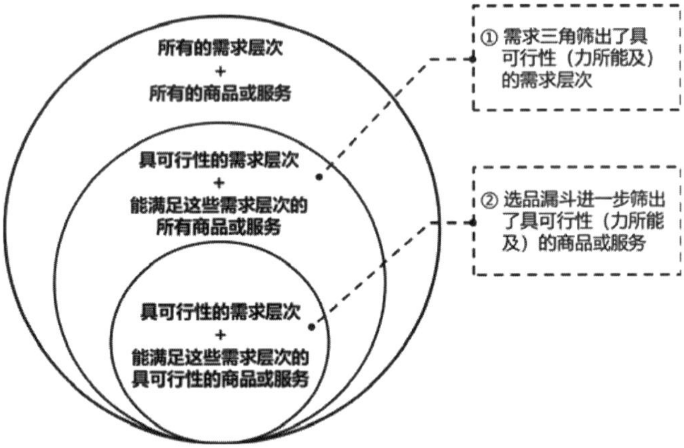

图2-12 “需求三角”和“选品漏斗”的区别和联系

3.确定品类构造（完成品类的逐级细分树形图）

所谓“确定品类构造”，就是为了“顾客的某项需求”而制作的“商品分类树形图”（以下简称树形图）。而树形图的特点可以清晰地体现每一层级的逐级分类原则和顺序（见图2-13）。

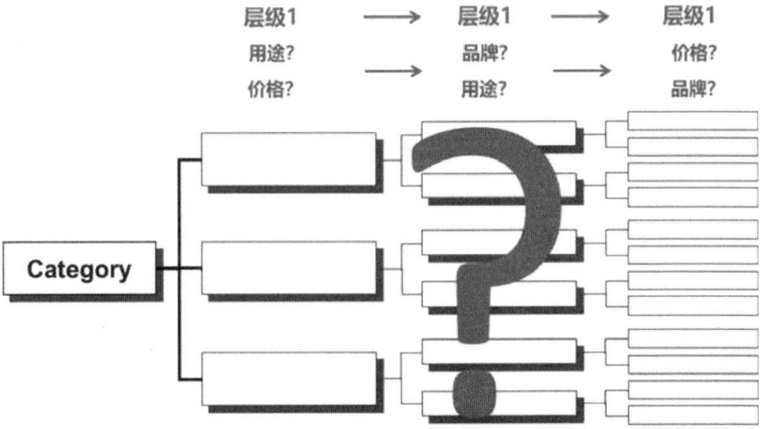

图2-13 怎样确定树形图中每个层级的细分原则

也就是说，“确定树形图中每个层级的分类顺序”是绘制树形图的核心问题，也决定了一个树形图的优劣。那么，究竟应该怎样确定各个层级的分类顺序呢？

前面讲过，以“顾客的需求”为标准来制作“商品分类树形图（决策树）”的过程，就叫作“品类定义”。

细心的您可能已经从这句话中注意到了两点：一是品类定义的目的，就是做出一张商品分类树形图，这个树形图是以顾客的需求为标准制作的；二是这种树形图有个专门的名称，叫作决策树。

决策树是商品分类树形图的一种，但不是所有的商品分类树形图都叫作决策树。以“顾客在作出购买决定的思维过程中，对各个因素的思考顺序”来制作的商品分类层级的树形图，才叫作决策树（见图2-14）。

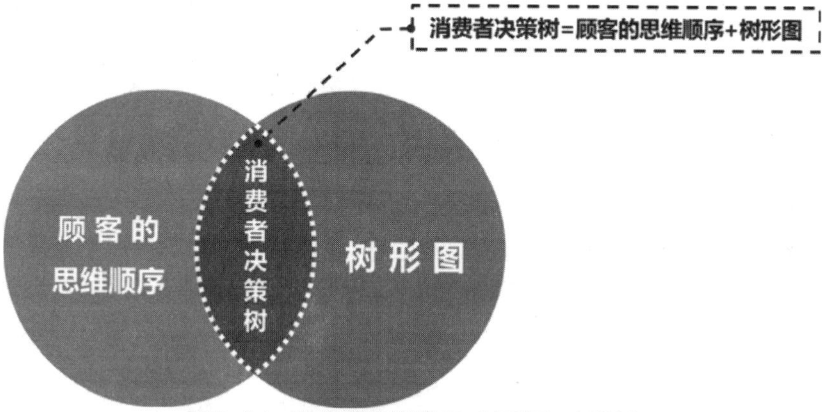

图2-14　顾客的思维顺序+树形图=决策树

也就是说，品类定义的最终目的，是绘制出一个“各个分支层级的顺序”与“顾客作出购买决定的思维顺序”相一致的商品分类树形图，即决策树。

所以，要画出决策树，就要先确定“顾客的购买思维顺序”，而帮助您确定顾客购买思维顺序的分析工具，就叫作“顾客思维阶梯”。

下面就重点介绍什么是“顾客阶梯”。事实上，顾客从产生购物欲望到最终作出购买决定，并不是瞬间的，还是用购买宠物商品举例。假设现在有一名顾客想给自己的宠物购买一些商品，他进入超市或购物网站后，首先考虑的因素很可能是在众多的宠物用品中找到自己宠物所属的那一类。比如，若他养的是狗，他肯定不会选择猫砂或鱼缸。这一步，其实就是在思考今天购物的“使用对象”这个因素。

其次，他可能开始思考为自己的狗（使用对象）购买哪些合适的商品（用途），吃的，穿的，美容的，训练的，等等。

再次，他要考虑商品的具体规格、样式、性质等，假设他决定给自己的狗（使用对象）买吃的（用途），那就要考虑到底是购买干性狗粮，还是购买湿性狗粮。

最后，他开始考虑价格或品牌（不同的品牌也同时对应着不同的价格）。

这样，就得到了这个顾客在做购买决定时对各个因素的思维顺序：“使用对象（狗）”→“用途（食用）”→“样式性状（干性/湿性）”→“价格（高中低档）”（仅仅是这个例子中的顾客是这样的思维顺序，实际应用中并不一定都是这个顺序，要具体问题具体分析）。

现在，开始画一个楼梯，每一个台阶代表该顾客在做购买决定时会考虑的一个因素，再在每个因素中填入相应的内容，这个反映顾客思维顺序的“楼梯”，就称为“顾客思维阶梯”(见图 2–15)。

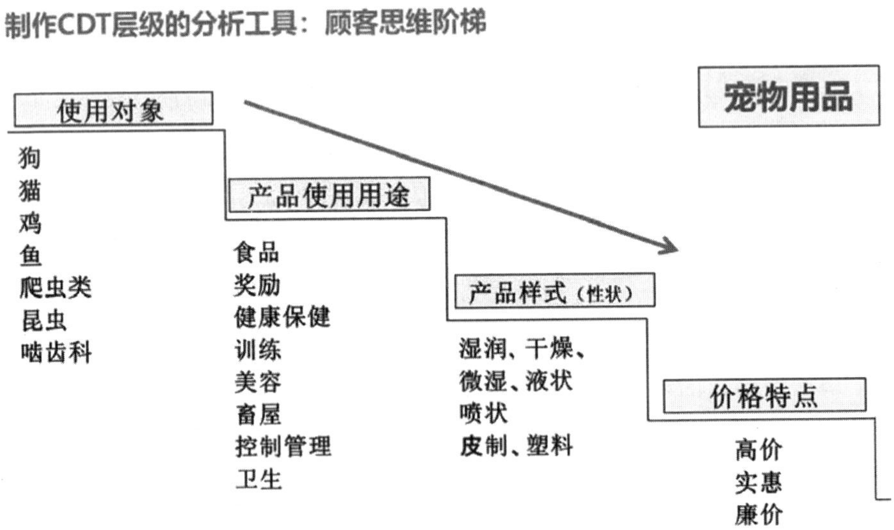

图2–15　顾客思维阶梯（以宠物用品为例）

这四个依次排列的台阶，就是对顾客作出购买宠物用品决定所要依次考虑的四个因素，也就是制作决策树时每一个层级的顺序。

当然，这个例子中将问题简化了。在实际工作中，还需要采集足够数量的顾客样本，然后通过统计和计算，将大多数顾客购物时的思维过程记录和筛选出来（注意，取大多数顾客的想法即可），以此确定大多数顾客在满足某一需求时的思维顺序到底是怎样的。在当今的互联网时代，可以通过记录顾客的浏览顺序获得庞大而精准的数据，当然，这必须是在不违反相关的法律法规和保护个人隐私的前提下进行。

接下来，就利用例子中"顾客思维阶梯"的结论，对宠物相关商品制作决策树。首先，要打破传统的食品或非食品的界限、以"顾客的需求"为分类标准；其次，按"顾客作出购买决定时，对各个因素的思考顺序"做细分层级，以此制作宠物商品的顾客购买决定树，即宠物用品决策树（见图2–16）。

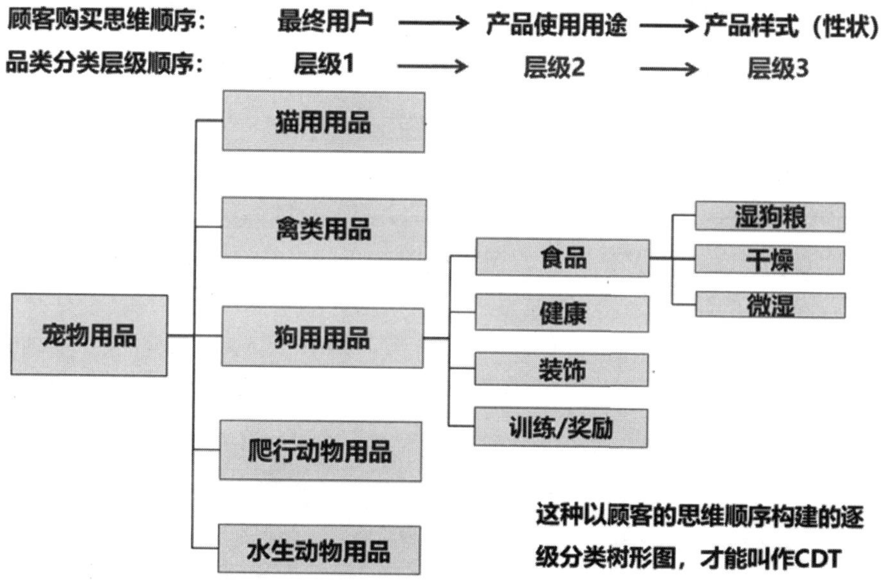

图2–16　宠物用品决策树

图2–16中，宠物用品决策树中的每个层级顺序应依次对应顾客（调查数据中的大多数顾客）考虑每个因素时的顺序，即：决策树的分层顺序 = 消费思维阶梯的顺序（见图2–17）。

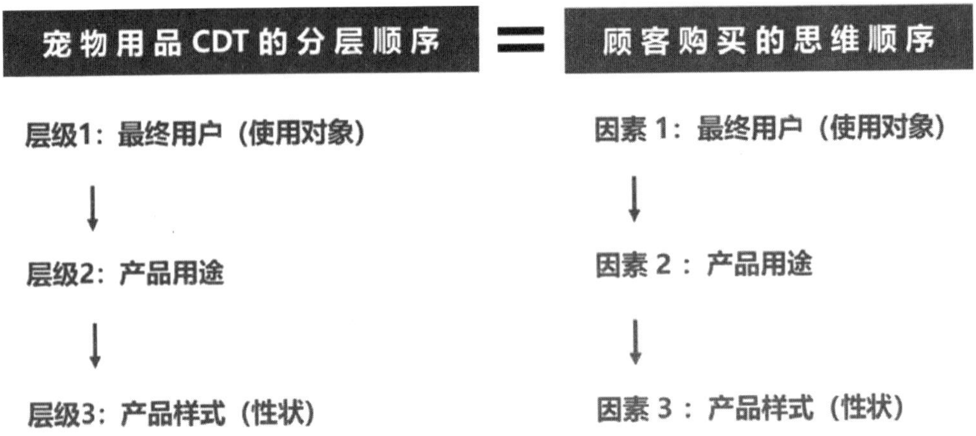

图2-17　决策树的分层顺序=消费思维阶梯的顺序（以宠物用品为例）

通过图2-17，再重复一遍决策树的性质和定义：打破零售商自己内部行政部门的界限、以“顾客的需求”为分类标准、按“顾客作出购买决定时，对各个因素的思考顺序”为细分层级的商品分类树形图，被称为“顾客购买决定树”，即决策树，它是一种特殊的商品分类树形图。

4.使决策树各个分支“不重叠、不遗漏”

了解了“决策树”，您在“品类定义”的工作似乎已经完成了。但是，作为一个严谨的商人，您一定要对自己的商品分类表进行检查，确保决策树中各个层级中的每个分支之间没有重复和遗漏。因为正像开篇所说的那样，做商品分类是为了确保您的经营资源能够被最大化地利用，如果您的决策树之中存在重复或遗漏，也就意味着您在浪费自己的经营资源，顾客在挑选商品时也会感到困惑和不满。

也就是说，现在的决策树还不是一个完善的决策树，您要对其进行反复检查，确保决策树中的各个分支之间没有重叠或遗漏，只有达到了这个状态的决策树才是一个完善的决策树。

检查决策树是否完善的标准，就是“不重叠、不遗漏”，描述这种状态的术语，叫作MECE分析法或MECE化状态。

MECE分析法，全称 Mutually Exclusive Collectively Exhaustive，中文意思是“彼此独立，且无遗漏”。也就是对于一个事物的整体或一类事物的集合，在对其分类时，能够使划分后的各个部分之间“不重叠、不遗漏”，而且能够借此有效地把握问题的核心，从而找到解决问题的方法。

它有两个要素。

一是各部分之间相互独立 。

“彼此独立”意味着对整体的细分是在同一维度上的，并有明确区分、不可重叠的。

二是所有部分没有遗漏。

“没有遗漏” 则意味着整体中没有不被分类原则覆盖到的部分，或者说在现行的分类原则之下划分出来的各个部分，完全覆盖了整体（见图2-18）。

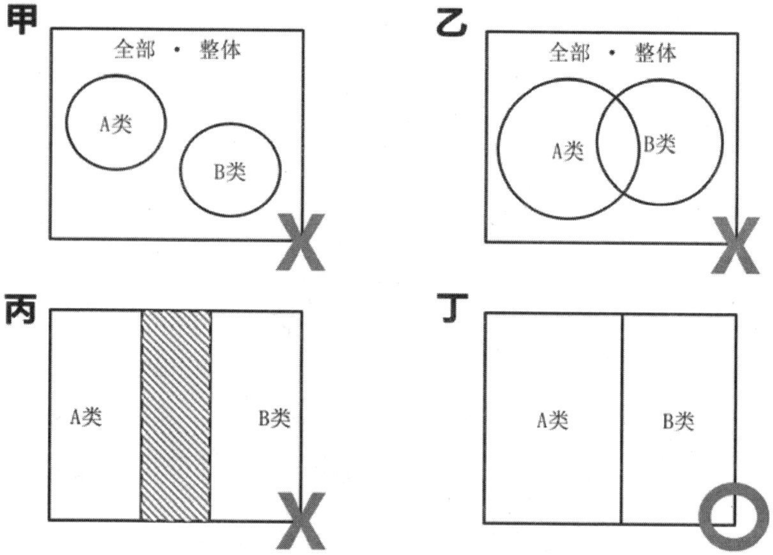

图2-18　MECE化——对整体“不重叠、不遗漏”的划分状态

图2-18中，甲、乙、丙、丁分别代表四种对整体（白色方框代表整体）的分类方式，为简化问题，我们现在假设将整体分为A、B两类。

甲的情况是：A、B两个部分没有重叠，但是没能覆盖整体，即有遗漏。

乙的情况是：A、B之间有重叠，且仍有遗漏。

丙的情况是：虽然A、B两个部分覆盖了整体，但相互之间有重叠。

丁的情况是：A、B之间无重叠，且无遗漏，即MECE化状态。

前面说过，顾客购买决策树（以下简称为“决策树”）中的每个层级对应一个顾客作购买决定的一个因素，这个因素也就作为对这一层级与上一层级的细分原则。

而每个层级中，以及每个层级之间都应该是MECE化状态，即“不重叠、不遗漏”。因此，从MECE和顾客的角度出发，要为决策树中的每个层级规定它们的属性，决策树中的层级共有两种属性，即可替代性层级和不可替代性层级。

可替代性层级：如果在决策树里的一级分类（某个层级）中，顾客没有找到需要的商品，但可以在该级分类中找到可替代的其他商品，最终退而求其次购买了代替品，在这种情况下，店铺就可以将顾客留住。这一级别的分类就定义为可替代性层级。

不可替代性层级：如果在决策树里的一级分类中，没有能满足顾客需求的商品，且不能在同一级分类中找到替代品，那么，这一级中的商品间是无法相互替代的，即：一旦这一级别中的某类商品缺失，顾客就会离开店铺，到别的店铺里去寻找此类商品，那么这一级的分类就定义为不可替代性层级。

要认真思考自己决策树中的每个层级属于哪种属性，以便使自己的决策树达到MESE化（不重复、不遗漏）。注意：“替代性”≠“重叠”（见图2–19）。

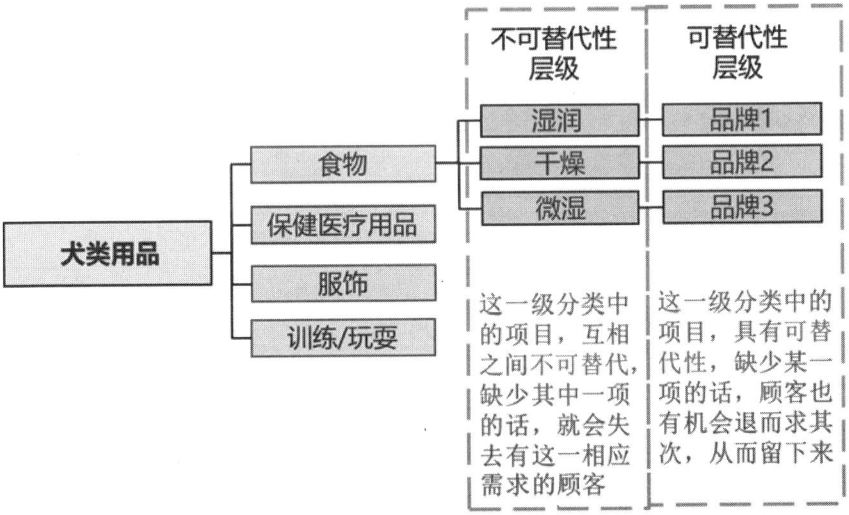

图2–19　确定每个层级是可替代性层级还是不可替代性层级

图2–19中，对犬类食物的细分原则是“商品性状”，以此分出了“湿

润”“干燥”“微湿”三部分，这三类之间是不可替代的，因此，它们属于不可替代性层级。您再按“品牌”对“干燥食品”进行细分，就有了“品牌1”“品牌2”“品牌3”三个选择，顾客的思维在这一层中，是可以有退而求其次的余地的（如果实在买不到品牌1，在品牌2和品牌3之间选择也可以接受），因而这一层级属于可替代性层级。

在决策树的层级结构中，可替代性层级的位置越靠前越好，不可替代性层级的位置越靠后越好。

这样做是为了避免顾客在作决定的过程中，过早地遇到不可替代性层级，从而导致其在思维过程中过早中断而离店的风险。因此，您对决策树各个层级的属性设置，也决定着顾客能否在您的店铺或购物网站中得到引导和满足。

讲到这里，您可能已经发现，一个层级是属于可替代性还是不可替代性，其实是决策树的制作者决定的，您的工作就是设计和搭配好各个层级之间的可替代性和不可替代性的关系，使您的商品分类方式能够让顾客的思考过程完整地得到满足。

也就是说，一个层级的属性是不可替代性层级还是可替代性层级是相对的，是可以通过采购或经营者的设计而相互转换的（见图2–20）。

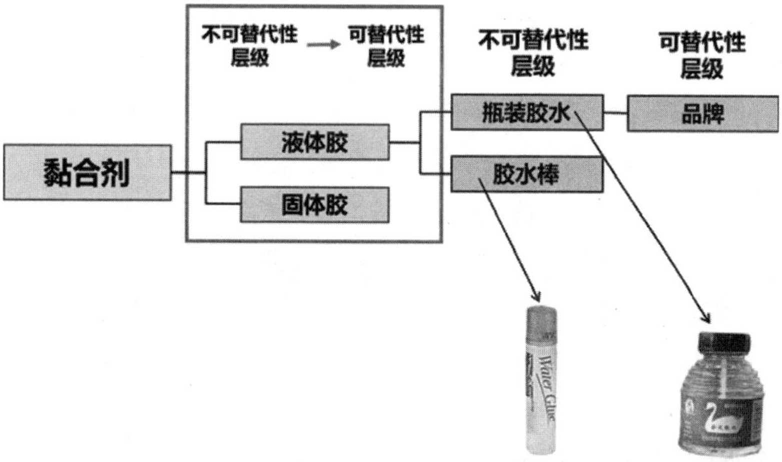

图2–20　选品的艺术——不可替代性/可替代性是可以实现转换的

下面通过一个笔者亲身经历过的案例，展示一下一个高水平的采购者是怎样通过“选品的艺术”来实现决策树中的某一个层级的。在顾客心中，不可替代性与可替代性之间会随时转换，这里需要注意的是：不可替代性与可替代性的属性区别，并不是站在经营者的立场上说的，它是顾客的心理感受，是站在顾客的立场进行区分的。

我以前经常出差，所以会在出差的过程中产生大量的报销单据，而在旅途中保管这些大小不一的单据，是个很头痛的事情。由于担心报销单据丢失，所以后来我都随身携带着“胶棒”出差，这样我就可以随时将票据粘贴成册。这既避免了票据的丢失，又充分利用了旅途中的碎片时间来随时填写报销支取的申请。但是，由于我们国家幅员辽阔，我基本上都是乘坐飞机出差的，这就使得我必须随身携带固体胶棒才能登机（法律规定不允许携带超过100毫升的液体登机），因此，对我来说，如果黏合剂这个品类的决策树中，有一个层级是按照“商品性状”来划分的话，那么对于我来说，这个层级中的液体胶与固体胶，就是无法相互替代的属性，这个层级也就是不可替代性层级。

有一次，刚巧我的胶棒用完了，我就到一家便利店购买，便利店的陈列面积非常小，所以他们不会浪费一点空间来陈列他们认为顾客不会买的商品。我走进的这家便利店，就没有为固体胶棒分配陈列位置，正当我感到失望准备去别的地方碰碰运气时，突然发现他们有“胶水棒”这种东西，它与固体胶棒的形状相同，虽然是液体，但瓶口设有保护盖，可以防止胶水溢出，更重要的是它只有50毫升，这意味着我可以把它带上飞机！我对这家连锁便利店的采购员肃然起敬。他通过高超的选品技术，既做到了为节省空间不配置固体胶，又通过“胶水棒”的引入，把自己决策树中的第一层由不可替代性变成了可替代性！

经营者通过自己的选品技术使决策树各个层级在达到MECE分析法的前提下变化无穷，从而留住顾客，我想这就是经营的乐趣之一吧！

经过品类定义的这4步推导，您得到了决策树这种“按照顾客的购买思维顺序”做出的分类树形图，那么，它对您具有什么实际意义呢？

■ 决策树=品类落位图

“品类定义”的现实意义：决策树的层级顺序=卖场陈列的分类顺序。即：分类顺序=陈列图（见图2–21）。

图2-21　分类顺序=陈列图

图2-21展示的就是前例中按决策树（图2-16）分类顺序制作的宠物商品卖场，也就是说决策树解决了“卖场到底该如何陈列”的问题。为了便于理解，下面再举一个例子（见图2-22）。

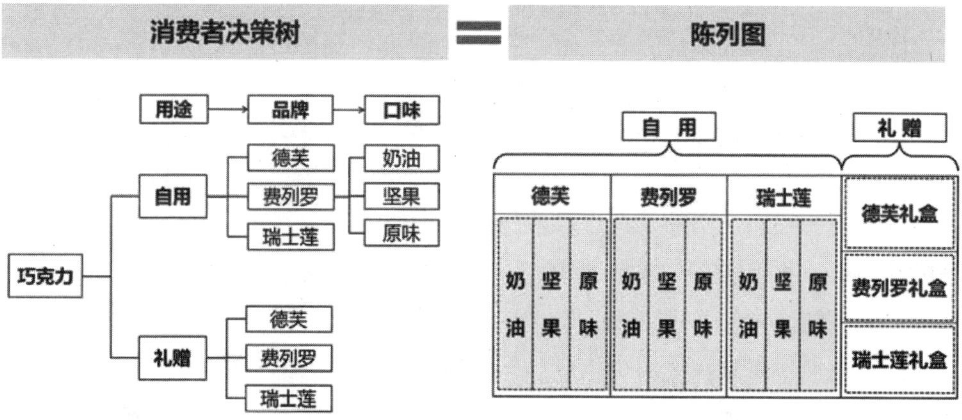

图2-22　决策树的层级顺序=顾客的思考顺序=Layout的陈列顺序

如果巧克力的决策树如图2–22中的左半部分所示，那么，它的层级顺序是：用途→品牌→口味。而右半部分的4组货架的划分与决策树的层级顺序也应该保持一致，即：先按“用途”将 4 组货架分为3组自用、1组礼赠，然后在自用的3组货架中再按“品牌”纵向分配出3个品牌，最后，在 1 个品牌中按“口味”划分出各个“口味”的区域。

这样，整个陈列的分类层级与决策树的层级就统一在一起了。您通过前面的“思维阶梯”知道：决策树的层级顺序=顾客的思考顺序。因此，决策树的层级顺序=顾客的思考顺序=品类落位图的陈列顺序。

通过“品类定义”形成决策树，您就将卖场的布局与顾客的思维习惯统一到了一起，使得顾客在购物的过程中，在潜意识中由思维共鸣而产生了舒适感。

讲到这里，就讲完了品类定义的全部内容。品类定义是品类管理的基础，也是这套方法论的前提。为了让大家更好地消化、吸收这一章的内容，接下来再总结一下这一章的内容。

■ 品类定义的目的

一张完善的决策树，是以“顾客作出购买决定时，对各种因素的思维顺序”为纲的商品分类树形图。

没错，这一章讲了这么多，就是为了得出一个决策树。

■ 决策树是树形图的一种，但不是所有的树形图都叫决策树

这里需要特别说明的是：思维阶梯与决策树的层级顺序并不是固定的，更没有标准答案。我曾经在一次授课中，以宠物用品为例向学员们讲解了思维阶梯，结果在之后的课堂练习中发现，学员们针对任何需求，都误以为要按照“最终用户→产品用途→产品样式→价格品牌”的顺序来制作思维阶梯。宠物用品这个案例中的思维阶梯，仅仅是用来举例而已，并不是一个放之四海而皆准的、固定的思维阶梯顺序（见图2–23）。

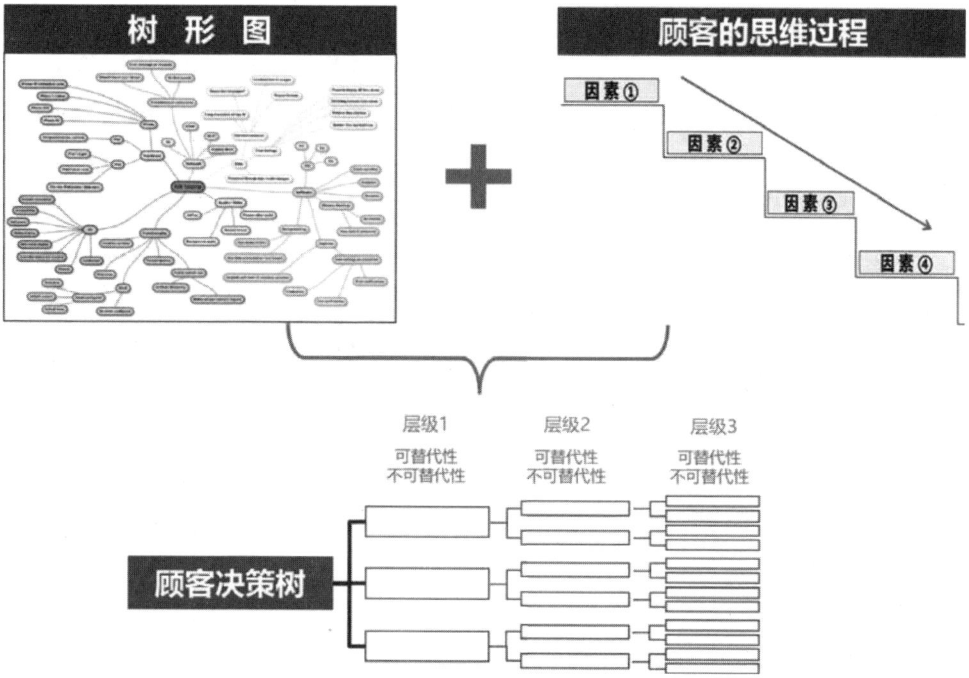

图2-23 决策树是以顾客的思考顺序制作的树形图

实际上，针对不同的需求，对应着完全不同的购买决定因素和思考顺序。甚至针对同一种需求，因店铺所处商圈的不同，它对应的各种决定因素和思考顺序也截然不同。因此，您需要做的是：针对顾客的不同需求，对顾客在作出购买决定的过程进行充分研究，从而搞清楚顾客究竟要考虑哪些因素，顾客在考虑这些因素时的先后顺序是什么。

■ 决策树本身也是一种思维方式与方法论

如果要彻底实现“决策树思维”式的卖场，就需要零售商的组织架构，也应该按照决策树思维做相应的变更。

即：按照顾客的需求来划分部门（尤其是营业部和商品部）（见图 2-24）。

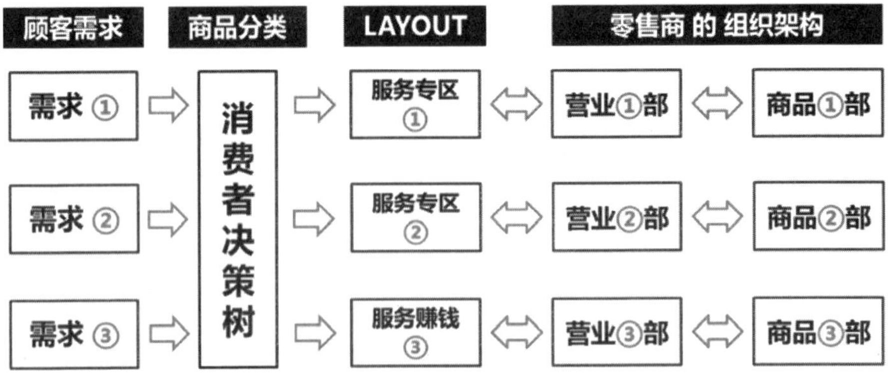

图2-24

■ 品类定义详解

这一章中，最难理解但最核心的概念，就是决策树，这里再给您举例讲解一下。

比如，您现在要开一个运动品商店，您首先要解决的就是要卖哪些运动品（或者说您需要定义“运动品”的概念到底包括什么）。

首先，哑铃、杠铃、球类、运动服、球鞋等运动品，都是主营商品，肯定要卖。

其次，运动饮料、蛋白粉、沙拉、健身杂志、自行车、滑雪板、帐篷、游艇、泳衣等，都是与运动品有关联的商品，肯定也要卖。

那么，问题就来了，您开店的资金就那么多，不可能做到面面俱到，即使您的资金足够把所有跟运动沾边儿的商品全都订货回来，您的店面又能不能放得下呢？即使放得下，又怎么放？

是按商品的性状，将足球、篮球、网球这些圆球类放在一起比较好，还是按运动项目，把“篮球＋篮球服＋篮球鞋”放一起、把“足球＋足球服＋足球鞋”放一起比较好呢？

如此看来，开门做生意，绕不开两个基本问题，即“确定经营范围”和“商品展示方式”。

而解决这两个问题的方法，就是“分类”。我接着上面的例子，解释一下，为什么确定经营范围的方法就是对运动品进行分类。

假设图 2-25 中，每个图标都代表一种体育项目对应的商品，在这些繁杂的商品中，您是要全都经营，还是有选择性地经营呢？

图2-25　经商遇到的第一个难题，是确定经营范围

看着这个杂乱无章的图表，估计谁也无法作出一个理性的判断。因为实在是太多了，而这个图表中还只是一个极端简化的例子，在现实生活中，您真正面对的问题，将是从市场上成千上万的商品里作出自己的取舍，远比图2-25中展示出来的商品门类多得多。

如果没有一个好的方法，面对这么多种选择，这经商的第一步（确定经营范围），您就根本走不出去。

这个时候，您只要对这些看似杂乱纷繁的商品进行分类，就能帮助您厘清思路，找到解决问题的突破口。

比如，您按运动项目，对这些图表代表的商品进行重新组合，经过归类排序之后，您就得到了图2-26所示的经营范围明细。

图2-26 确定经营范围的第一步——分类

有了这一份经营范围明细，再来决定经营范围，一切就都清晰起来了。

在资金、人力、店铺面积都有限的前提下，显然大多数人会倾向于选择与热门运动相关的商品（周转快的商品），这种选择无疑是正确的。不然，如果以冷门运动（周转慢）的用品为主，再多的现金流，用不了多久也会断裂的。

有了正确的评估，下面就可以根据自己的资金状况，开始逐一考虑可行的经营范围了。

足球、篮球、羽毛球、乒乓球这些热门项目，因为参与的人多，所以与这些项目相关的用品的周转速度比较快，理应主选这些商品。

另外，哑铃、杠铃、瑜伽垫这些健身塑形类的运动项目，现在也越来越火热，在资金方面也不需要太大的成本和空间，所以也可以考虑。

游泳衣、游泳圈、游泳镜的周转率和毛利率应该也不低。但是，像自行车、滑雪橇、登山镐以及电竞用的手机、电脑等，单价高、押款多、周转慢，而且需要店主或销售人员有相当的专业知识才能卖出去，这些东西在资金和知识储备有限的情况下，显然不应该在您的考虑范围之内。

接下来考虑运动食品的可行性，像"运动饮料"这种保质期长、占用的空间和资金都有限、周转也快的商品，就可以考虑引进。但是，像蛋白粉、沙拉、蔬菜、鸡胸肉等商品，既专业又不易于保存，而且还需要专门的卫生经营许可证，如果您不是开健身房或者健身用品专卖店的话，就不应该将它们纳入经营范围（见图2-27）。

图2-27　根据自己的资金状况，按类确定经营范围

通过对各种运动品进行分类，我们已经大概有了清晰的选品思路和经营方向了。

因此，经营的第一步，实际上面临的是一个如何对商品分类的问题，即通过分类来决定自己的主营项目究竟该包括什么不该包括什么。

现在，您应该明确了："确定经营范围"就是"作取舍"，"取舍的方法"就是"作分类"。而"分类的前提"就是"明确分类标准"。因此，要确定经营范围，首先就要明确分类标准（见图2-28）。

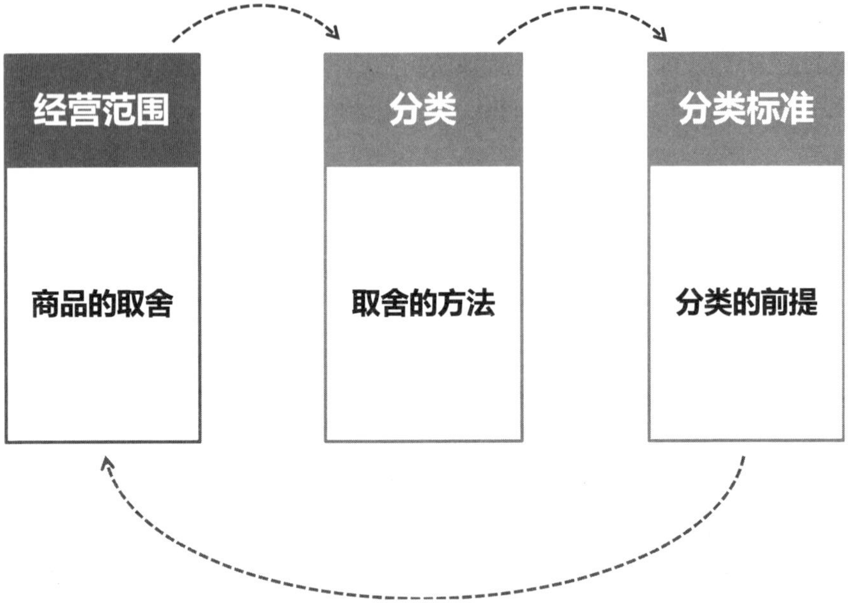

图2-28 明确分类标准→分类取舍→确定经营范围

还用前面的体育用品店来举例，如果用"运动项目或者用途"作为分类标准，那么篮球、篮球鞋、篮球服就属于同一类商品，因为它们都是在打篮球时要用到的。

但是，如果您换一个分类标准的话，比如用"商品性状"分类，那篮球、足球、排球这些圆球，它们就都属于球类；而篮球鞋和篮球服就应该分别属于鞋类和服装类。

由此，您可以看到，原本在前一个分类标准之下属于同一类的篮球、篮球鞋、篮球服，换了一种分类标准之后，它们又完全不属于同一类了。

因此，才有了前文中的利用"思维阶梯"来确定分类标准的思考工具。

■ 决策树的结构详解

前面讲的是运动品决策树，下面再给它按运动项目分类，可以分为“球类”“塑形”“水上运动”这三个大分支。然后，在每个大分支后面再细分出“篮球”“足球”两个中分支；在篮球的后面，再细分出“篮球、篮球鞋、篮球服装”等小分支；再往下分，还可以分出“价格带”；每个“价格带”再往下细分对应的是“品牌”“颜色”“款式”等。

这种树形图式的分类，就是决策树（见图2–29）。

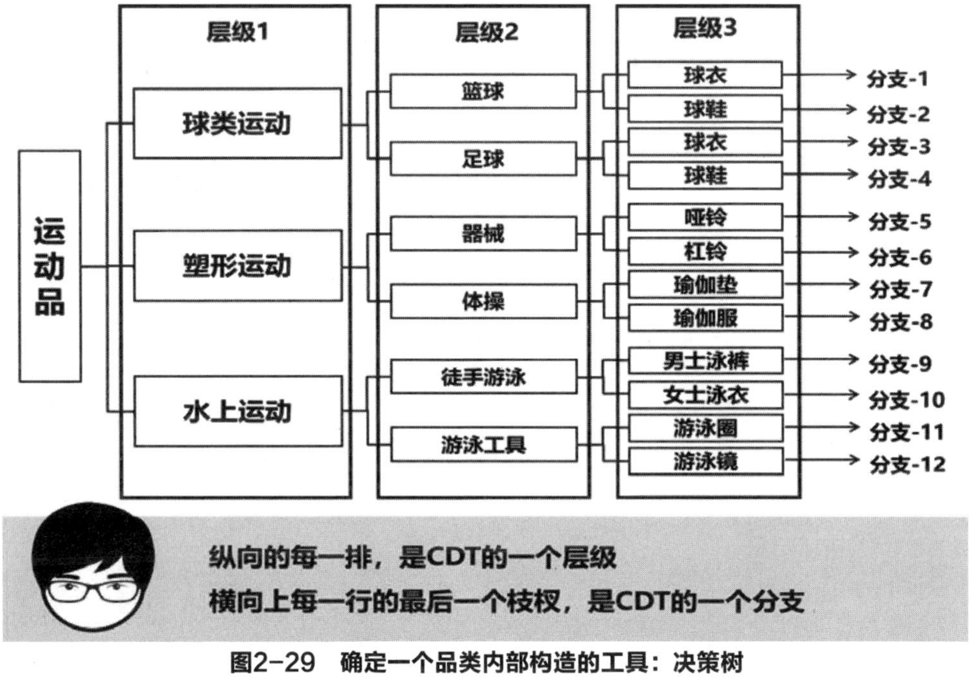

图2–29　确定一个品类内部构造的工具：决策树

在决策树中，纵向地看，可分为若干个层级，每个层级对应着一个分类标准，而每个层级之间的先后顺序，就是“顾客思维阶梯的顺序”。

例如，在图2–29中：层级1是按运动项目分成了球类运动、塑形运动、水上运动等；层级2是大运动项目的小项；层级3是每个小项用到的用品；最后一个层级中的每个小项，即决策树在横向上的最小分支，叫作决策树的“分支”，品类管理的最小管理单位，就是这些分支。

第三章　品类角色

品类角色，就是为决策树中的各个分支分配角色和任务，各个分支的角色也同时是它们自己的方向和目标。

如果说“品类定义”是因为我们的可用资源有限，而不得不为自己圈定的经营范围，那么定义“品类角色”就是为自己经营范围内的商品，划分出各自的角色，以使它们各自履行自己的职责，最终实现整体的盈利。

每个人都生活在多目标（任务）的世界里，往往为了一个大目标，要同时达到无数个小目标。您也不例外，这就使您在完成一件事的时候，常常会面临两个困境：一是可用资源有限性，二是具体目标多样性。

由于这两个困境的限制，使得您不得不研究如何将有限的资源分配到多样的目标中去。其实这也是一切经管类学科共同研究的根本问题，当然，各个不同的经济学科分支对这一问题的分析角度不同，“品类管理”就是在以品类为基本管理单位的前提下，对这一问题进行探索的（见图3-1）。

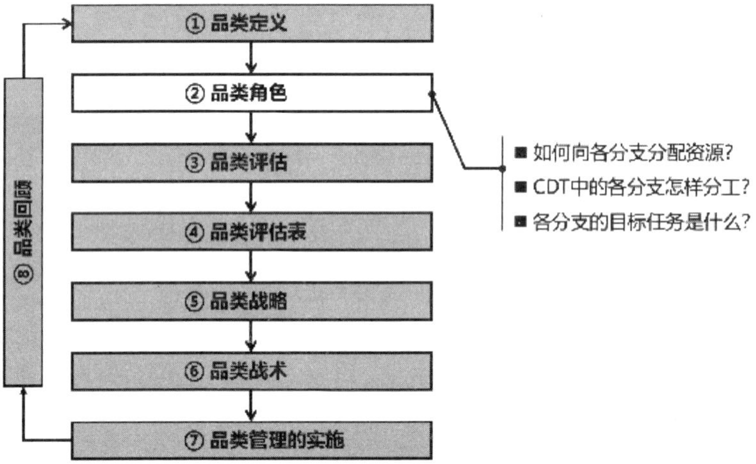

图3-1　品类管理步骤中的品类角色

先来看一个例子：一个学生要考大学，表面上他只有考大学这一个目标，但是为了考上理想的大学，他要同时学习至少6门功课（语数外 + 理科 3 项或文科 3 项），也就是说，考大学这个“大目标”中又包含了他必须同时兼顾的 6 个小目标。然而一天只有24个小时，他面临着如何把这24小时合理地分配给这 6 个科目的问题，这还不算吃饭、睡觉、打球、谈恋爱等其他同样需要消耗时间的项目。总结起来，就是大目标：考取理想的大学；资源有限性：一天只有24小时；目标多样性：每个科目都不能差（见图3-2）。

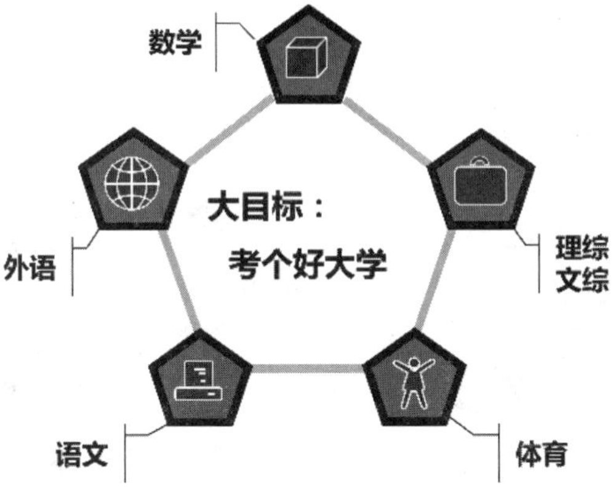

图3-2　考生的两重困境

在企业的经营活动中，各个营业指标之间往往互相矛盾、此消彼长、难以兼顾，也就是说，大目标中不但常常嵌套着诸多小目标，而且它们之间还往往是“鱼与熊掌不可兼得”的关系。在有限的运作成本中（资源有限性），要尽力平衡经常此消彼长的各关键经营指标（目标多样性）（见图3-3）。

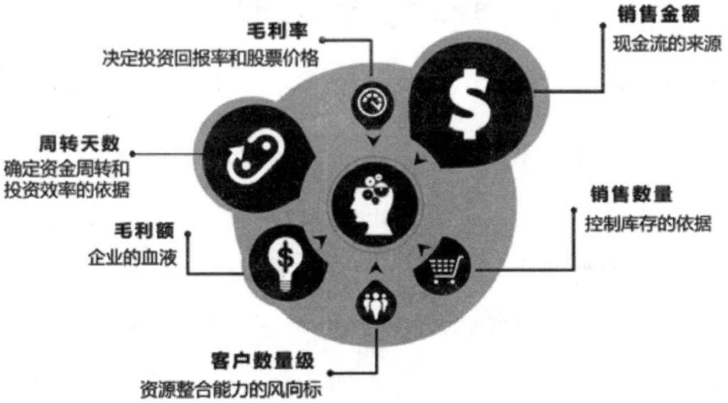

图3-3　企业经营的两重困境

比如，在图3-3中，毛利率与销售数量大多时候就是呈反比的关系，周转天数有时与毛利额也呈此消彼长的关系，但是，老板或股东们就是偏偏要求哪个都不能少，哪个都不能差……相信长期在大型商业集团工作过的朋友一定对此深有感触。为了实现企业的大目标，而被要求对其中诸多的小目标做到“鱼与熊掌必须兼得”，这无疑是很难做到的，究其原因，主要有以下两个方面的原因。

1. 资源是稀缺的

您手中的“人力”“财力”“物力”都是有限的，市场容量也是有限的，您的业务覆盖范围更是有限的（见图3–4）。

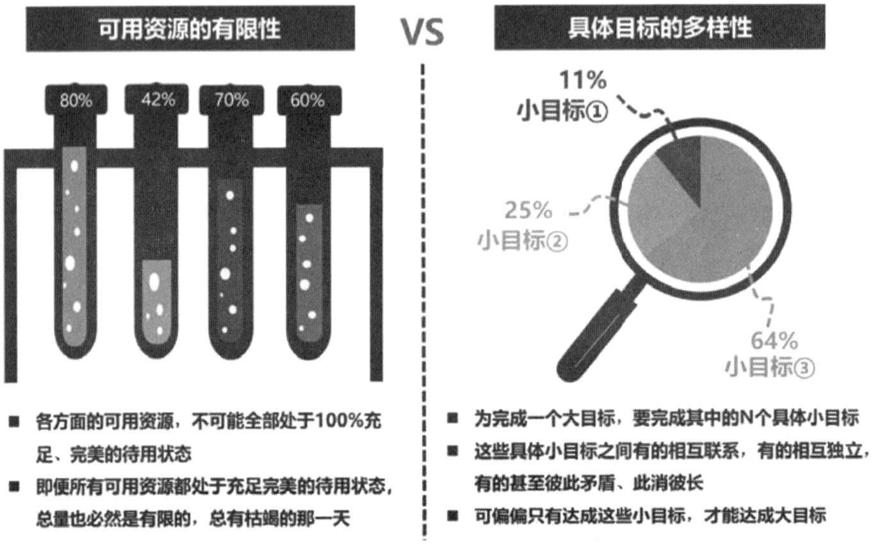

图3–4　可用资源有限性VS具体目标多样性

2. 任务是多目标性的

在追求终极目标的过程中，先要达成（往往还要同时达成）无数个小目标，而且还是些“此消彼长，却必须兼顾”的小目标。

说到这里，肯定有些熟悉经济学的读者会对上面的说法感到非常眼熟，没错，这其实就是经济学的研究课题。

面对资源的稀缺性，应该采取哪些措施才能实现资源配置的最大化呢？经济学早已经给出了答案：解决资源稀缺并最大化配置的方法，就是分工协作。因此，解决资源配置难题的方法就是拆分目标、分配角色、各司其职、分工合作。

不管一个企业家或经营者怎样表述他的企业文化、社会责任、企业家理想等，最终都会回到“实现盈利”这个目标上来，这也是企业生存的前提（见图3–5）。

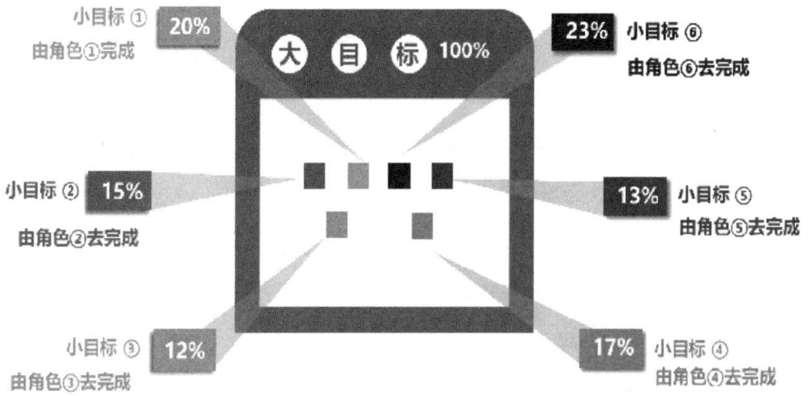

图3-5　平衡“资源有限VS目标多样”的方法

从本书一开始，我就强调：“品类管理是一种思维方式和方法论。”那么，如何使用品类管理的思维方式来实现“分工合作”，进而实现盈利呢？方法和基础就是我们通过品类定义中得到的决策树。

如前所述，决策树是一个树形商品分类图，它将一群商品（商品群）用顾客的思维分成了若干个分支（小分类，一个层级中包含的分支），这时决策树就好比一支足球队，其中的一个个分支就是球队中的球员。而作为经营者的您，就是这个球队的主教练。要为每个球员分配他们在这个球队中的角色和分工：谁是后卫（负责防守）、谁是中场（负责串起前后场）、谁是前锋（负责得分）、谁是守门员（最后一道防线），然后让他们各司其职，以确保球队整体取得比赛的胜利（实现决策树整体的盈利）。

如果刚刚这个足球队的例子对非运动爱好者来说不太好理解的话，我再举一个更容易理解的例子来说明品类角色的定义。

一个决策树就是一部偶像剧，决策树的一个层级里面包含的各个分支就是剧中的演员，您现在就是这部剧的导演兼编剧。您要为每个演员（每个分支）分配他们在剧中的角色：谁是男一号、谁是女一号、谁是男二号、谁是女二号、谁是反派。同时，还要确保整部剧内容环环相扣、浪漫抒情，让观众百爪挠心、欲罢不能。整部剧制作完成后，就要在各大视频网站上开启VIP付费追剧模式，最终实现整部剧（决策树整体）的盈利。

通过上面两个典型的例子，您就知道了所谓分工其实就是“把大目标（大任务）分解成许多个小目标（小任务）”，然后把实现大目标的主体也分割成便于管理的各个元素单位（队员/演员），再把各个小目标分配给每一个元素单位。

现在回到品类角色中来，您在品类定义中得出的决策树，实际上就已经帮您完成了对主体的分割任务。决策树中的每个层级都是对这个品类的一次分割，且越到后面分割得越细。某个层级中的分支（通常是最后一个层级的分支）就是要承担各种职责任务的“元素单位”；而经营活动中的各项经营指标（毛利额、毛利率、销售额、销售数量、周转率等）就是这些元素单位需要承担的小目标、小任务。也就是说，作为经营者，要在决策树的基础上，为各个分支（小分类）分配它们在决策树中的角色：谁是负责决策树取得毛利额的、谁是负责拉高毛利率的、谁是用来取得销售额的、谁是用来取得销售数量的等。然后再按照各个分支的角色任务来分配资源，使各个角色各司其职，最终实现决策树整体的盈利。这个过程，就叫作分配“品类角色”。

■ 一个完整的决策树中，应配备哪些角色

一个球队为了更好地分配资源，要设置的基本角色有“守门员”“后卫”“中场”“前锋”；一部戏要合理地利用资金，要具备的角色有“男一号”“女一号”“男二号”“女二号”“反派”。一个决策树，尤其是一个能帮助经营者有效地利用现有资源，来实现诸多经营目标的完整的决策树，应该包含5种品类角色，即一个决策树中的成员（子品类/分支），应分为5种角色，以利各自发挥不同的作用（见图3-6）。

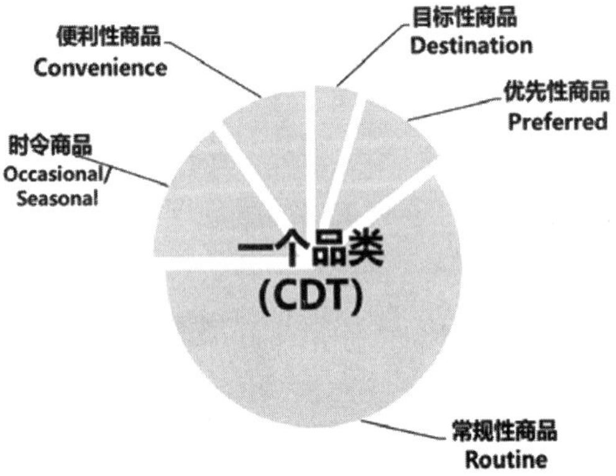

图3-6　一个决策树中的小分类，应分为5种角色

读到这里，您很可能已经被上面一长串“分支”“层级”“角色”之类的名词弄乱了，为了帮助您理解后面的内容，现在先来看一个具体的例子。

图3–7是一个已经为各个分支分配好品类角色的“巧克力决策树”，它的最后一个层级的分类中包含“黑巧克力、白巧克力、坚果巧克力、奶油巧克力、巧克力礼盒、单条巧克力”6个分支，每个分支的后面都标出了各自在决策树中担任的角色。也就是说，您先通过品类定义得到决策树，然后再以这个决策树的最后一个层级中所包含的分支作为单位，为它们分配角色和任务（见图3–7）。

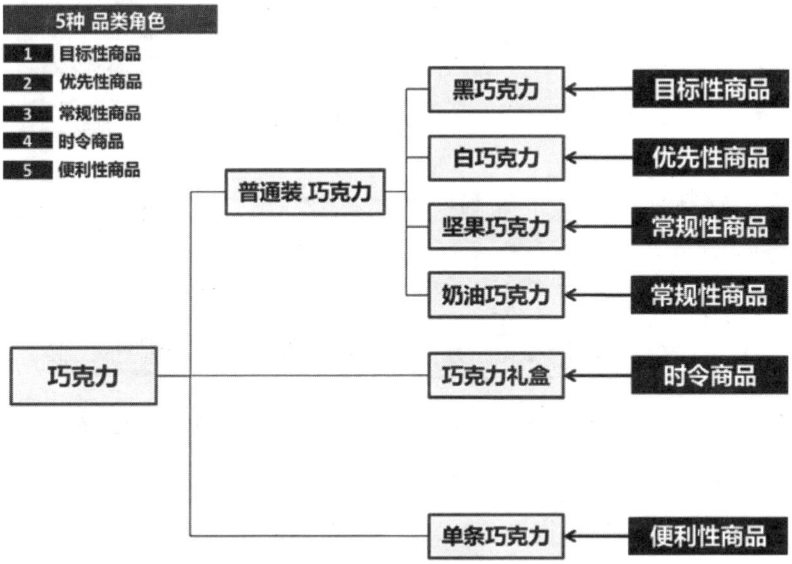

图3–7　一个分配完角色与任务的“巧克力决策树”

这里需要特别说明的是：大多数情况下是以最后一个层级中的分支作为分配角色的单位，但在实际工作中也要根据具体情况具体分析。

例如，图3–7的例子中，这个巧克力分类先是按巧克力的“包装类型”分出了第一个层级，其中包含“普通装、礼盒装、单条装” 3 个分支；然后又按照“原料”将“普通装”这个分支做了第二层细分，其中又包含了“黑巧克力、白巧克力、坚果巧克力、奶油巧克力” 4 个分支。

读到这里，细心的您应该已经发现：“巧克力礼盒”和“单条巧克力”实际上是第一层级（包装）的分支。但是在决策树中没有继续对它们进行细分（在这里不去讨论这个零售商为什么没有对它们继续细分，而假设这已经是这个零售商经过讨论和验证后的最终决定即可），所以在分配品类角色的时候，您直接将第二层级的 4 个分支与低层级的 2 个分支进行了“混编”，由此完成了整个决策树的角色分配（见图 3–8）。

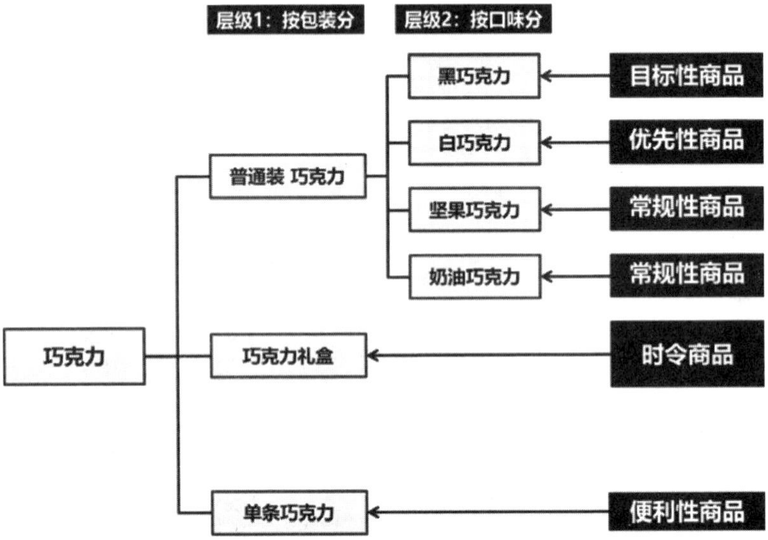

图3–8　以决策树中每一行最右边的分支作为分配角色的对象

通过图3–8，确定分配的“元素单位（分配对象）”原则如下。

首先，您要根据实际情况来决定决策树中每个层级中的哪个层级需要在横向上细分下去，哪些层级不用再细分。其次，将决策树中的每一行中最后边（也就是最右边）的分支“混编”到一起，作为分配角色的元素单位，即以它们作为分配5种品类角色的对象。下面，就具体介绍每种品类角色的定义和作用。

1.目标性商品：顾客来店的理由/目的

若一个便利店把黑巧克力作为目的性商品，那么无论与大卖场相比还是与黑巧克力专营店相比，它的黑巧克力都必须是在整个市场上的所有业态中最出色的。

若把某类商品作为目标性商品，就要有让所有顾客把您的店铺或公司作为该类商品的代名词的觉悟，就像“可口可乐之于碳酸”。

目标性商品的角色定位并不是单纯价格上最便宜也不是品种上最齐全，而是“最专业”，即在顾客心目中，提到黑巧克力，您的店就是权威的象征，是市场的标准（见图3–9）。

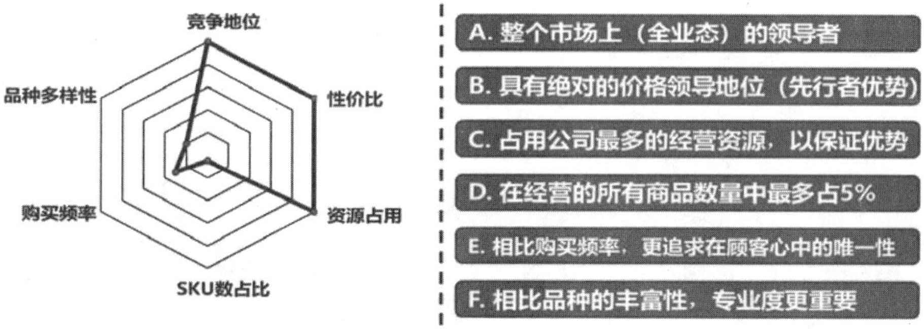

图3–9　目标性商品

2.优先性商品：顾客在众多选择中优先选择您店的理由

若一个便利店，把酒类中的鸡尾酒作为优先性商品，那么它只要保证在所有便利店中，自己的鸡尾酒是最有优势的即可，不必与大卖场或酒类专营店相比。

从狭义上讲，可以把优先性商品看作“做到在同业态范围内的目标性商品”（见图 3–10）。

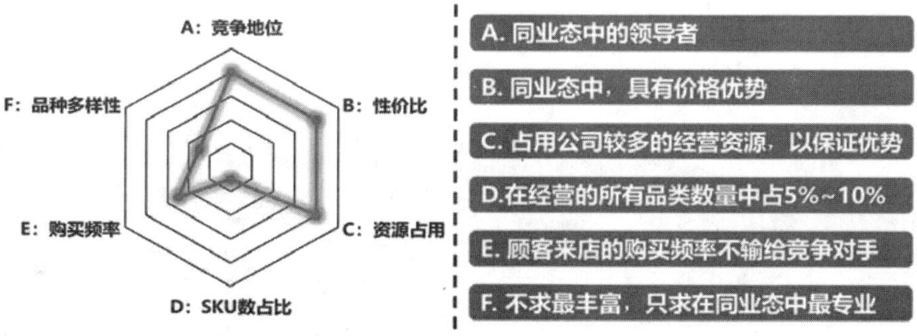

图3–10　优先性商品

3.常规性商品：顾客在哪个店都买同样的大众化商品

所谓的常规性商品，就是许多商店都能买到的大众化商品。

比如，家乐福的奥利奥饼干与沃尔玛的奥利奥饼干并没有什么不同。这类“在哪买都可以、无差异的大众化商品”，恰恰是占市场份额最大的，也是被最多顾客接受的商品，因此，零售商取得的绝大部分营业额、毛利额都是由常规性商品创造的。然而，把常规性产品销售出去却恰恰是最难实现的任务，让顾客决定来您店里买那些与其他地方没有任何差别（价格、品质等）的商品，其难度可想而知（见图3-11）。

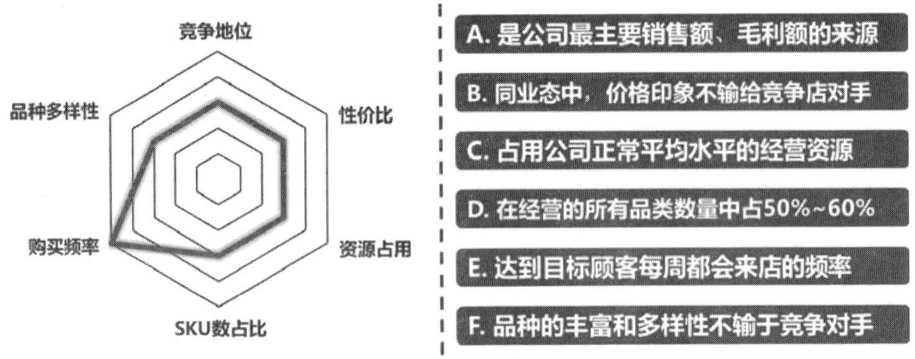

图3-11　常规性商品

4. 时令/季节性商品

时令商品是指应对气候性事件所必需的商品。如应对雾霾天气时的活性炭口罩等（见图3-12）。

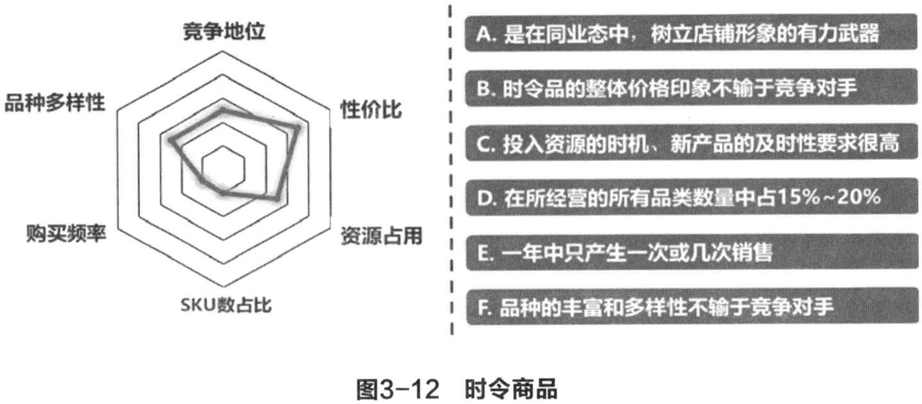

图3-12　时令商品

季节性商品是指在固定时节中顾客所需的商品。如春节中秋礼品、情人节鲜花、巧克力等。零售商可以根据自身特点，量力而行、扬长避短、不必硬拼。例如，零售商就可以举办节日的商品展，甚至可以自己创造节日，如“双十一购物节”等。

5.便利性商品

所谓的便利性商品，就是收银台附近陈列的电池、口香糖与饮料以及其他位置各种关联的陈列品等。

便利性商品大多时候是针对顾客“随机的、冲动性的”购买行为（计划外购物）而配置的商品，在这个角色中，最重要的是“陈列位置”与“选品”两方面的平衡与结合（见图3-13）。

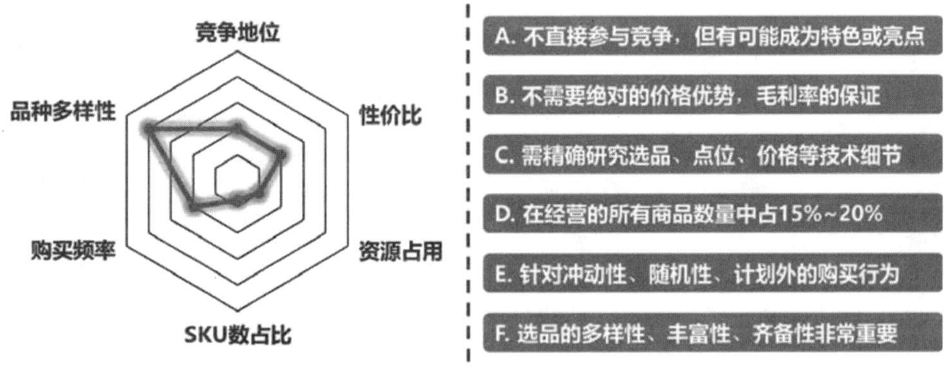

图3-13　便利性商品

■ 如何确定某个决策树分支的品类角色

下面介绍如何用“全面分析法”为每个品类确定它们在整体经营中的角色。

“全面分析法”是贯穿整个品类管理理论的方法论，这是一套隐藏在品类管理背后的核心思维方式，是诞生品类管理理论的基础，也是所有学科进行科学研究分析通用的重要方法论。

如果您能在阅读本书的过程中了解品类管理本身，并能掌握品类管理理论中出现的各种“方法论体系”和“各种分析工具”，那么，相信您一定能在今后的工作和生活中，提高解决实际问题的效率，改善自己的思维方式。

通过学习一个具体的理论知识，来获得进一步思考的能力，才是学习的真谛，理论本身并不重要，重要的是理论背后的思维方式。

■ 为决策树的各个分支确定“品类角色”的思维过程

为决策树的各个分支确定“品类角色”的思维过程主要分三个步骤。一是对各个分支目前的属性进行全面分析；二是将分析结果与5种品类角色的属性相比较，分析其是否满足该品类分支的属性（ 该品类角色应具备的属性）；三是确定各分支的品类角色。

对品类的一个分支，要从各个角度分别对其作定量与定性分析。这样，您就能从对一个分支的现状掌握到相对全面的信息，并以此权衡自己手中的资源，再结合各种品类角色应具备的属性，最终决定为这个分支分配什么样的品类角色。

这一段话说得比较抽象，为了方便理解，还是列举前面“足球队”和“拍戏”的例子来具体说明。

足球队的例子。经营者好比一名教练，现在给他一名球员，他怎么分配角色呢？肯定是首先观察和了解这名球员的自身特点，并将这些特点与场上各个位置角色的属性相比较，最终作出让这名球员踢什么位置的判断。比如这名球员速度快（可测量的定量分析结果）、跑位意识好（无法定量全凭观察得出的定性分析结果），那么这名球员就特别适合踢前锋。

拍戏的例子。现在有一名导演，正在拍《三国演义》，他手里有一位演员，这位演员人高马大、虎背熊腰、皮肤黝黑（可测量的定量分析结果），眼神凶狠、声若洪钟（无法定量全凭观察得出的定性分析结果），他会让这位演员饰演谁？演张飞肯定非常合适，但要是演刘备恐怕就不太和谐了。

无论是为球员分配位置，还是为演员安排角色，都经历了前面提到的三个思维步骤：一要分析对象已具备的属性，二要与担任某角色需要具备的属性相比对，三要为对象分配属性匹配度高的角色。

■ 从全面分析到确定品类角色

要为品类分配角色，首先就要对该品类的属性和现状有一个全面的了解，这就需要对其进行全面的分析和研究。

所谓“全面分析”，就是对一个问题，从不同的分析角度，利用统一的分析方法，分别对其进行剖析。即：分析视角 + 分析方法 = 全面分析法（见图3–14）。

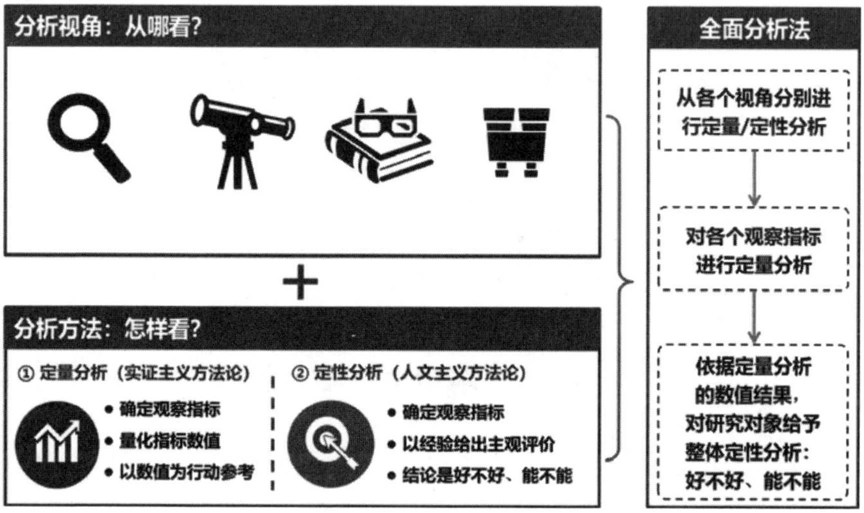

图3–14　分析视角+分析方法=全面分析法

关于分析方法，单单从数学领域里就有线性分析、非线性分析、二分法分析等。但是，这些分析方法，都可以归结为两个大类。

一是定量分析。是对事物的“数量特征”“数量关系”“数量变化”进行的分析，亦即确定观察指标，量化指标数值，以指标数值为行动参考。

二是定性分析。是对研究对象进行“质”的方面的分析，如好不好、能不能、多与少。亦即确定观察指标，以观察者的经验给出评价，结论是“好不好”“能不能”。

前者是对观察对象的客观描述，后者是观察者主观的感受，两者结合到一起，再配合观察角度，就是一个完整的全面分析体系。

分析的视角，是在对一个品类分支进行分析的时候，一般从 3 个视角来对其进行观察和分析，即顾客的视角，零售商的视角，市场与供应商的视角（见图 3–15）。

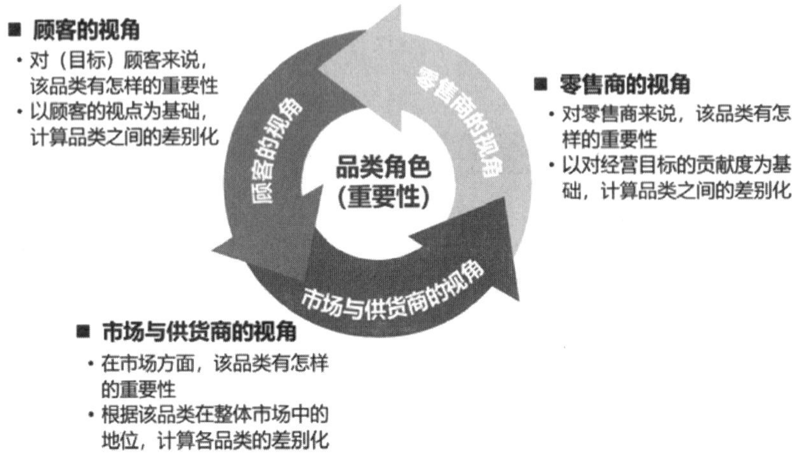

图3–15　对一个品类分支的 3 个分析视角

确定了 3 个分析的视角，就要对每个视角都使用定量分析法和定性分析法，将某一个品类分支完整全面地分析一遍，这样，您对一个品类分支，就得到了3套属性分析结果，然后，再从这3套属性分析的结果中，提炼出它的综合评价。

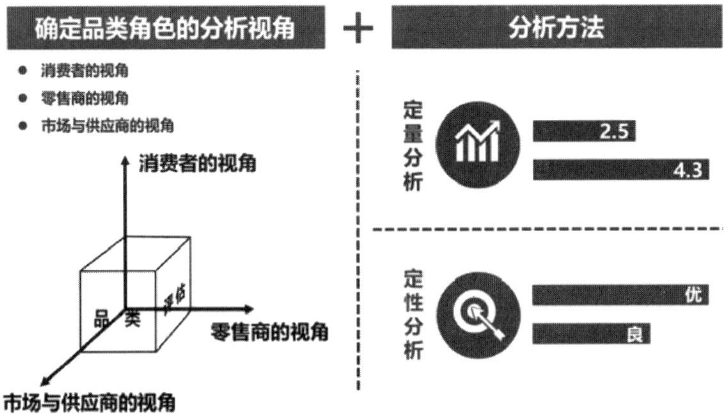

图3–16　确定品类角色的 3 个分析视角+定量与定性分析法

图3–16描述了分析视角与分析方法的结合方式。下面给大家再举几个全面分析品类分支的例子。

假设您现在对前面提到过的“巧克力决策树”中的“白巧克力”来作全面分析。首先，您就要从顾客、零售商、市场与供应商这 3 个角度，作定量分析（见图3–17）。

顾客	前20%	中间的60%	后20%
顾客年间支出(全部渠道)		○	
顾客家庭浸透度(所有渠道)			○
购买者年度总销售(所有渠道)	○		
家庭人数1人或2人			○
家庭人数3人及以上	○		
家庭购买者年龄35岁以下	○		
家庭购买者年龄35以上54岁以下		○	
家庭购买者年龄54岁以上			○
零售业者			
零售业者销售		○	
零售业者毛利			○
零售业者毛利率	○		
零售业者专利费用			○
零售业者销售/客单价	○		
市场销售/客单价	○		
市场与供应商			
零售业者市场占有率份额（同业态）		○	
零售业者市场占有率份额（全业态）		○	
市场增长率		○	

图3–17　对“巧克力决策树”中的“白巧克力”做3个视角的定量分析

这里需要说明的是，图3–17只是一个例子，图中每个分析视角中的各个指标和表格的格式并不是唯一的，您可以根据实际情况的需要来设置适合自己的指标清单。

其次，您要作定性分析，依然是从 3 个视角分别来做，定性分析一样要根据实际情况的需要，来设置指标清单和格式（见图3–18）。

白巧克力-定性分析		
顾客评价	是	否
销售者的生活方式会因此产生大幅度的变动吗？	○	
这个品类，目前对顾客来说很重要吗？	○	
这个品类，在今后对顾客的重要性，有增加的可能吗？		○
顾客使用商品的场景，今后会发生什么大的变化吗？	○	
零售业者评价	是	否
零售业者能够计算出销售的变化吗？	○	
零售业者对于此品类赋予的角色，有可实现的能力吗？	○	
针对赋予的角色，前期的销售容易增加吗？		○
能使零售业者本来的优势得到加强吗？		○
与零售业者的战略路线联系紧密吗？	○	
市场评价	是	否
竞争店目前是不是很轻视此品类的重要性？		○
赋予此品类的新角色，会引起不必要的竞争吗？	○	
零售店有获取潜在市场的可能性吗？		○
供货商评价	是	否
供货商有能力配合吗？	○	
供货商意愿配合吗？	○	

图3-18　对“巧克力决策树”中的“白巧克力”做三个视角的定性分析

定量分析	评价
顾客评价	高
零售商评价	中
市场评价	中

定性分析		结论	
		是	否
顾客	生活方式可能由此发生改变	○	
	是高频购买的品类	○	
	未来对此的需求前景		○
	会变成生活必需品	○	
零售业者	实现自己差异化地位的基础	○	
	是目标顾客的首选	○	
	有能力扩大对此的投资		○
	有能力为此建立新制度		○
	统一企业战略	○	
市场	竞争对手对此品类还没重视起来		○
	可能引起激烈的行业竞争	○	
	是行业内未来的必然趋势		○
供货商	愿意配合	○	
	有能力配合	○	

图3-19　对“巧克力决策树”中“白巧克力”的综合评价

最后，如图 3–19 所示，综合定量和定性的结论，总结出该分支在定量和定性两个方面的综合评价，再结合各个品类角色应具备的属性和特征，为该分支分配品类角色。

■ 各个品类角色的属性对比

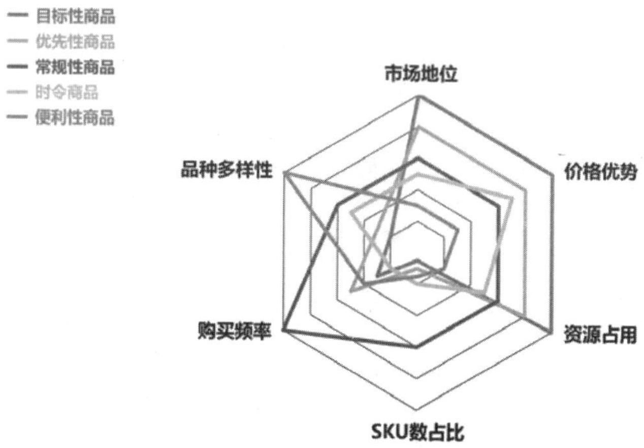

图3–20 品类角色属性雷达图

■ 从零售商的角度理解品类角色

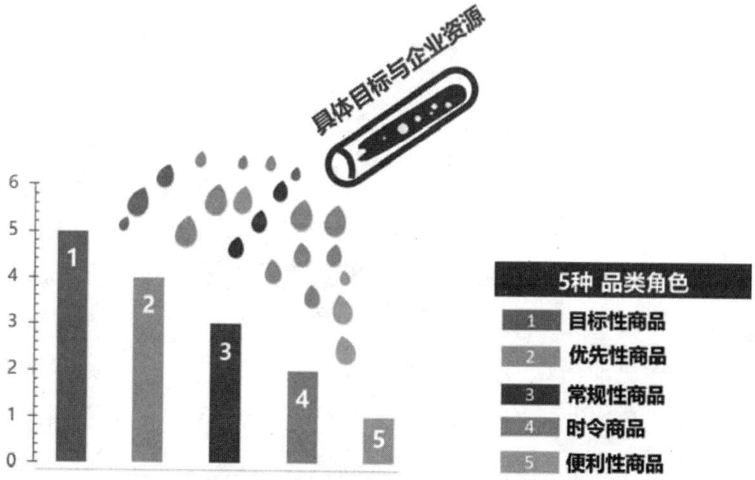

图3–21 从零售商的角度看“品类角色”

■ 从顾客的角度看品类角色

从顾客的视角来看5种品类角色的属性，顾客购物车里（最终购买）的商品，也正是扮演这5种角色的商品（见图3–22）。

图3–22　从顾客的角度看“品类角色”

■ 决策树与品类角色的结合

现在，再来审视巧克力决策树的例子（仍以图3–7为例），这时，您能不能看懂每个角色的作用，以及为什么要这样分配角色？

从图3–7中可以看到，这个店铺将“黑巧克力”作为目标性商品，也就是本店的特色，即希望将黑巧克力作为决定顾客对自家店铺印象的商品。这就意味着，这家店铺（或这个企业）应该把最多的资源投入黑巧克力中，并且争取在商圈内掌握定价权。白巧克力被赋予了优选性商品的角色，即同业态中的目标性商品。坚果巧克力和奶油巧克力是常规性商品，也就是本店销售额和毛利额的真正创造者，在选品上务必要选取大多数顾客最欢迎的畅销品。巧克力礼盒、单条巧克力作为时令商品和便利性商品，起到提高顾客满意度的作用，是额外销售额和毛利额的贡献者。

■ 5个品类角色的分工合作

真正产生大部分销售额和毛利额的是常规性商品，但常规性商品偏偏又是那些“顾客在哪买都没什么差别”的商品（您真正想让顾客大量、频繁购买的商品）。

因此，目标性商品和优先性商品的作用，就是将顾客吸引过来，给顾客一个在这里购买（哪怕是顺便，很可能就是顺便）日常必需品的理由。让时令商品和便利性商品创造出额外的销售额和毛利率（见图3–23）。

品类角色	定 义	特 点	概 括
目标性商品	是顾客首选的该类商品的提供者，并通过给目标消费群提供持续的、出众的价值，帮助零售商门店成为顾客的必选（是顾客来店的理由）	■确定零售商形象，代表零售商的品牌形象 ■零售商的代名词 ■对目标消费群很重要 ■在销售增长方面，居于所有品类的领先地位 ■重点资源优先配置	■在所有业态中，都是第一名 ■顾客一想起某一品类，马上就会先想到去“XX”店买 ■要做到店铺的名字就是该品类的代名词
优先性商品	在同业态的竞争中，比起竞争对手，通过提供更好的价格或服务，来确立自己的市场地位	■在相同的业态中（如：超市、购物中心、药店）成为对象顾客首选的店铺 ■在相同的业态中，为目标顾客提供超越竞争价格的更好价格 ■在相同的业态中，确定此品类有优秀的市场占有率、销售额、销售额增长率 ■在相同的业态中，确立并维持能为目标顾客提供更好的价格的零售业者的形象	相同业态中，做到最强
常规性商品	通过满足目标顾客的常规/日常需求，向其提供至少不输于竞争对手的商品或服务价值，从而确立自己在零售业界顾客想要选择的店铺的地位	■成为目标顾客想要选择的店铺 ■帮助定义目标顾客的零售商这一形象 ■为顾客提供更好的价格 ■要取得财务指标的平衡 ■充当供货商和零售业者战略合作关系中的中介角色 ■利润、现金流转、总资产利益率增长的重要作用	满足顾客大部分的需要
时令商品	通过适时地为目标顾客提供更好的价格，强化零售业界中，顾客想要选择的店铺这一形象地位	■成为此类商品的目标顾客的最大提供者 ■帮助强化拥护目标顾客的零售业者这一形象 ■频繁地向目标顾客提供更好的价格 ■实现提高利益、现金流转、总资产利益率的二次效应 ■在应季期间处于领导地位	如： ■食品中的月饼、年货等 ■季节性的服装、礼品等
便利性商品	为满足目标顾客非计划购买性的需求，通过提供超值的价格，强化全方位服务的店铺形象	■针对零售业者帮助强化拥护目标顾客一站式服务店铺的形象 ■为目标顾客提供物超所值的价格 ■是改善整体毛利率的重要手段	如： ■便利店的报刊与其他服务类商品 ■超市收银台处的口香糖

图3–23　五大品类角色之间是如何配合的

■ 关于时令商品和便利性商品

目标性商品、优先性商品、常规性商品是任何决策树中都必须配备的角色，而时令性商品和便利性商品就不一定必须配备。如图3–24所示，若要对时令商品和便利店商品再细分下去的话，就要细分出目标性商品、优先性商品、常规性商品 3 个角色。

在一个具体的品类角色的内部，也可以再细分出更具体的“子角色”，也就是说，一个角色本身也可以再继续细分出它自己内部目标性商品、优先性商品等。换句话说，一个大角色中还可以嵌套5个子角色，借此分出重中之重（重点中的重点）和相对重点（非重点中的重点）。

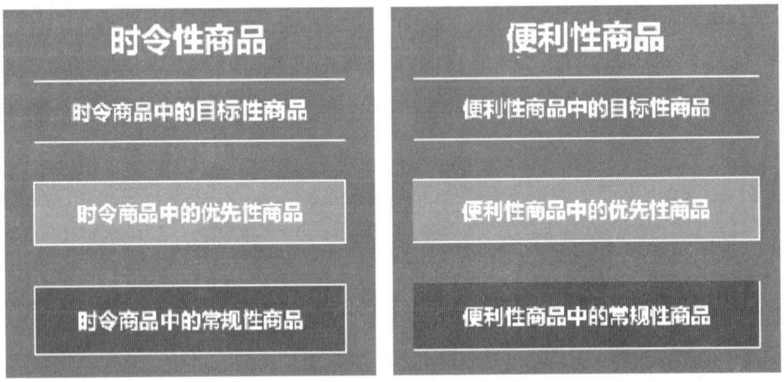

图3-24 各品类角色内部，也可以再进一步细分五种角色

■ 品类角色——应用实例

1.日本药妆店

在日本，药妆店的经营者大多数都会习惯性地定义顾客来到药妆店（药品与美容品区）时可能产生的一切需求，并按照这些需求在药店中的重要位置配置相应的商品，同时，还对各种商品的品类定义了不同的品类角色。值得注意的是，这样的药妆店（药品与美容品区）实际上已经是一个精巧的综合服务中心了（见图3–25）。

这里再为大家介绍一个整理品类角色的工具——角色分配矩阵，如图3–26所示。除了在决策树中直接标出各种角色外，还可以用“品类角色——分配矩阵”来整理决策树中的各种角色，五大角色之间有时会互相交叉，也就是说，它们可以相互包含。例如在下面药妆店的例子中：在目标性商品中，选出了“冰淇淋”作为时令商品中的目标性商品。又如：这个例子中从常规性商品中选出了“头发护理”和“婴儿看护”作为优先性商品或常规性商品。五大角色之间可以相互包含的意义在于，可以分出重中之重（重点中的重点）和相对重点（非重点中的重点）。

图3-25　日本药妆店

目标性商品	常规性商品	时令商品	便利性商品
代收快递	卫生巾	学习用品(时·目)	糖果甜点
止汗剂	处方药	冰淇淋	小件服饰配件
男性洗护	创可贴	保湿防晒	软饮料
香水	化妆水(优·常)	防过敏药物	戒酒剂
护齿	止痛	吸油纸	口香糖
家庭常备药	纸尿裤		小件文具
	杀虫防虫		

注：优·常：优先性商品中的常规性商品　　时·目：季节性商品中的目的性商品

图3-26　角色分配矩阵（以上面的药妆店为例）

2.CoCo壹番屋的目的性商品

日本人非常喜欢吃咖喱，日本卖咖喱的店铺也非常多，日本最大的咖喱连锁店叫“CoCo 壹番屋”（如图3-27所示）。它初创时，关于它的目标性商品流传着一个传说。

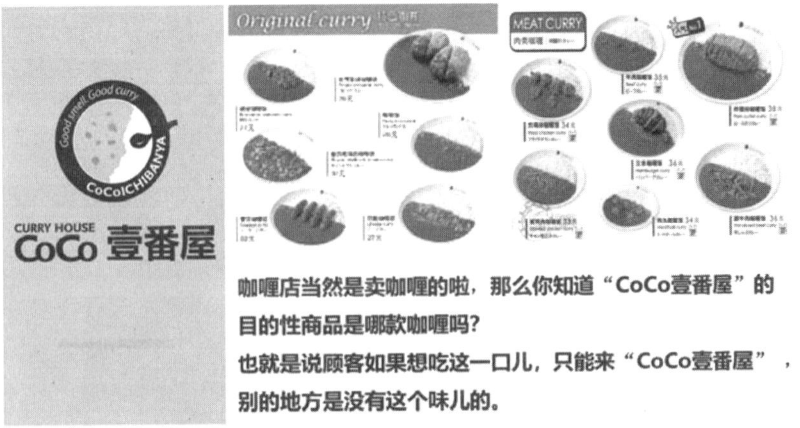

图3-27　COCO壹番屋的目标性商品是什么呢

据说CoCo壹番屋从一开始就认识到，要想在咖喱本身超出竞争对手，在短时间内是很难做到的，但出乎意料的是，他们却从“福神渍”上做到了。“福神渍”是日本人吃咖喱时，喜欢搭配食用的一种当地酱菜。其实无论是哪一家咖喱，从配料到制作工艺都差不多，尤其是连锁咖喱店的咖喱，为了保证风味的一致性，基本上都是使用工业规模化生产的咖喱料包。想与竞争对手在咖喱本身上取胜，难度较大，很难做到让顾客非买不可的程度，最多就是拗个造型（见图3-28）。

图3-28　咖喱饭本身，很难做出差异化

日本人吃咖喱时，因为习惯配上“福神渍”一起吃，所以，一般的咖喱店都会免费提供这种酱菜，CoCo壹番屋也不例外（见图3–29）。

图3–29　日式咖喱的经典搭配小菜：福神渍

CoCo壹番屋创办之初，它的“福神渍”被顾客公认为是与咖喱饭搭配起来最好吃的“福神渍”，很多顾客就是为了特地来吃它的“福神渍”，而顺便来壹番屋吃咖喱的。“福神渍”是免费提供的，也就是说，壹番屋的目标性商品不赚钱，但不管顾客是冲着什么来的，只要最终在这里买咖喱，就是赢了！

通过这个事例，再来看一下五大品类角色是如何配合的（见图3–30）。

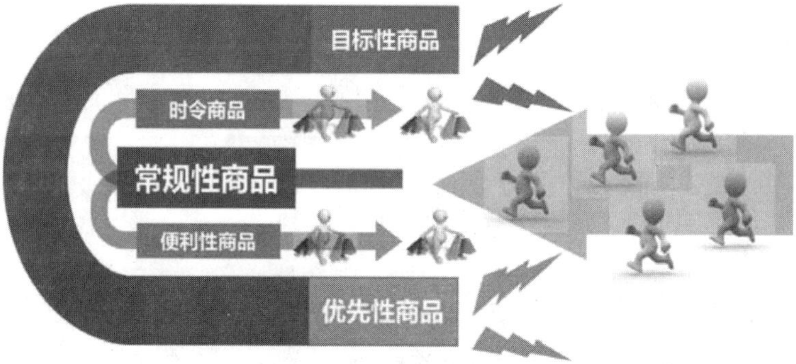

图3–30　5个角色中，最关键的是目标性商品、优先性商品与常规性商品的配合

目标性商品和优先性商品是磁铁，即“拉客的”，是不负责赚钱的，目标是把客人引进来。

常规性商品是磁场，它是负责赚钱的，终极目标是提高销售量，进而获得赢利。

最后，再附上几幅总结品类角色概念特点的图表，希望能帮助您进一步理解和巩固这一章的内容（见图3–31、图3–32、图3–33、图3–34）。

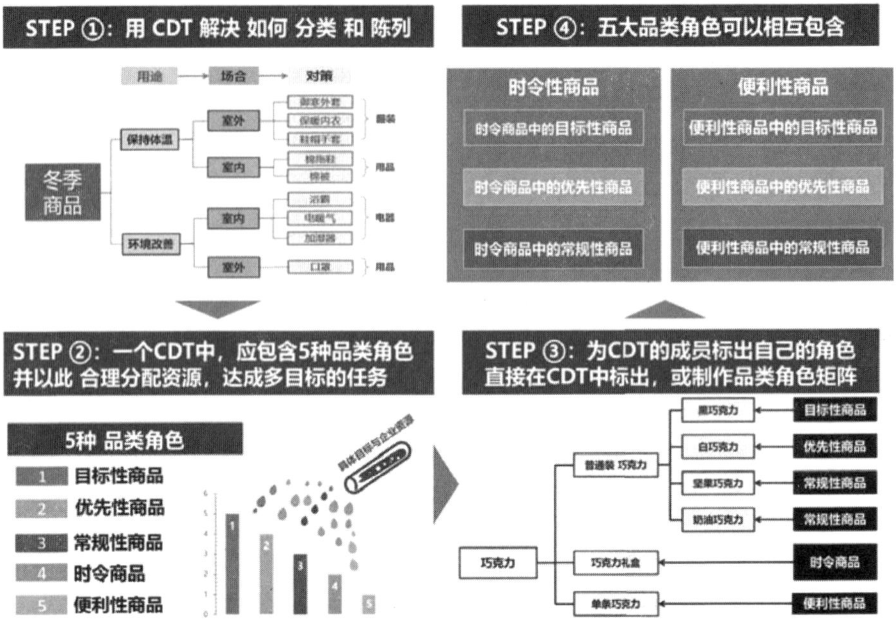

图3-31　为决策树的分支确定品类角色

品类角色	定 义	特 点	概 括
目标性商品	是顾客首选的该类商品的提供者，并通过给目标消费群提供持续的、出众的价值，帮助零售商门店成为顾客的必选（是顾客来店的理由）	■确定零售商形象，代表零售商的品牌形象 ■零售商的代名词 ■对目标消费群很重要 ■在销售增长方面，居于所有品类的领先地位 ■重点资源优先配置	■在所有业态中，都是第一名 ■顾客一想起某一品类，马上就会先想到去“XX”店买 ■要做到店铺的名字就是该品类的代名词
优先性商品	在同业态的竞争中，比起竞争对手，通过提供更好的价格或服务，来确立自己的市场地位	■在相同的业态中（如：超市、购物中心、药店）成为对象顾客首选的店铺 ■在相同的业态中，为目标顾客提供超越竞争价格的更好价格 ■在相同的业态中，确定此品类有优秀的市场占有率、销售额、销售额增长率 ■在相同的业态中，确立并维持能为目标顾客提供更好的价格的零售业者的形象	相同业态中，做到最强
常规性商品	通过满足目标顾客的常规/日常需求，向其提供至少不输于竞争对手的商品或服务价值，从而确立自己在零售业界顾客想要选择的店铺的地位	■成为目标顾客想要选择的店铺 ■帮助定义目标顾客的零售商这一形象 ■为顾客提供更好的价格 ■要取得财务指标的平衡 ■充当供货商和零售业者战略合作关系中的中介角色 ■利润、现金流转、总资产利益率增长的重要作用	满足顾客大部分的需要
时令商品	通过适时地为目标顾客提供更好的价格，强化零售业界中，顾客想要选择的店铺这一形象地位	■成为此类商品的目标顾客的最大提供者 ■帮助强化拥护目标顾客的零售业者这一形象 ■频繁地向目标顾客提供更好的价格 ■实现提高利益、现金流转、总资产利益率的二次效应 ■在应季期间处于领导地位	如： ■食品中的月饼、年货等 ■季节性的服装、礼品等
便利性商品	为满足目标顾客非计划购买性的需求，通过提供超值的价格，强化全方位服务的店铺形象	■针对零售业者帮助强化拥护目标顾客一站式服务店铺的形象 ■为目标顾客提供物超所值的价格 ■是改善整体毛利率的重要手段	如： ■便利店的报刊与其他服务类商品 ■超市收银台处的口香糖

图3-32　品类角色的种类

角色	产品组合	货架安排	定价	促销
目标性商品	选品尽量全面 -所有的品牌 -所有的规格	固定的、主要的货架位置 保证足够的库存	领导性的价格，最好的价值 主要的品牌规格	高频率 多种方式
优先性商品	只选择典型的商品 -只选典型的品牌 -只选典型的规格	主要的、好的货架位置，足够的库存	同业态中，更好的价值（性价比） 主要的品牌规格	有重点的频率 多种方式
常规性商品	只选最大众化的品牌 -只选大众化的主流品牌 -只选大众化的主流规格	好的货架位置，足够的库存	主要的品牌价格至少不输于竞争对手	一般频率 多种方式
时令商品	季节性品牌 -顺应时节 -顺应时尚 -动作要快	适当的货架空间，足够的库存	与竞争对手价格接近	按季节/时间需要 多种方式
便利性商品	只选主流的商品 -只选主流的品牌 -只选主流的规格	适当的货架空间，足够的库存 顾客易停留等待的必经之路	非煽动性价格 随机性购买	较少促销

图3-33　品类角色的概要

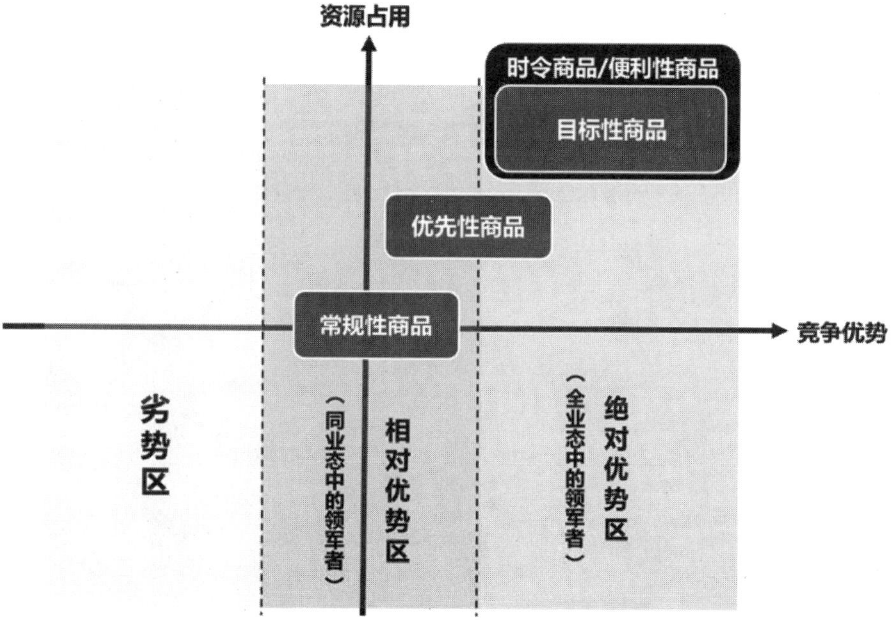

图3-34　品类角色的资源占用

第四章　品类评估

如果为某个品类分支设定了特定的角色或目标（品类角色），那就必须先搞清楚品类现状与这个目标（品类角色）的差距，以此来帮助您明确需要“在哪些具体方面”达到“什么样的具体水平”（品类评估表），才能实现这个目标（见图4–1）。

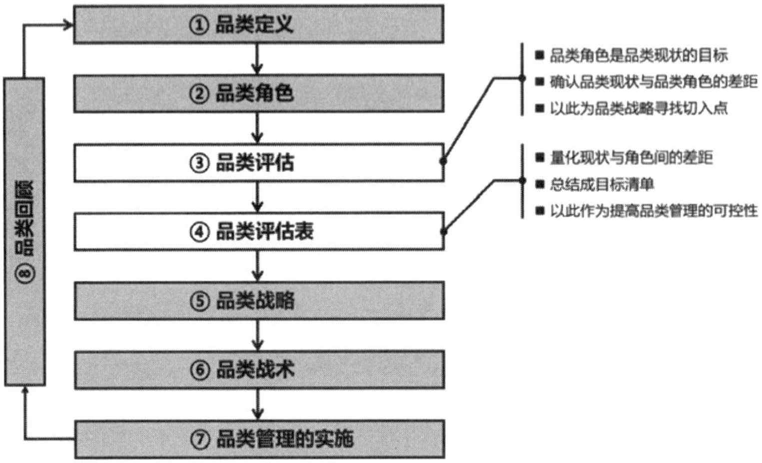

图4–1　品类管理步骤中的品类评估和品类评估表

■ 差距=机会

要想弄清楚“品类评估”与“品类评估表”的关系，首先就要弄清楚差距。

谁和谁的差距？就是目标与现状、理想与现实的差距。您给决策树中各个分支分配的“品类角色”就是这些决策树分支的目标，就是它的理想状态，这些分支的现状就是现实。

您为一个分支设立的角色，就是它的理想状态，或者说是它应该在决策树中起到的角色和作用。假设您为“黑巧克力”这个分支分配的角色是目标性商品，但这个时候，只能说“黑巧克力”有成为目标性商品的潜力和素质，却并不代表它现在就完全可以在整体决策树中发挥目标性商品的作用了。

也就是说，它的现状与它的角色之间是存在一定差距的。一个决策树分支的品类角色是它的理想状态和目标，它的现状与其理想状态之间存在着差距。

发现了现实与目标存在差距，其实是一件好事，因为“差距”本身就意味着“机会”。如果能清楚地认识和分析各个品类分支与其角色之间存在的“差距”，也就意味着您发现了使其达到品类角色理想状态的机会（见图4–2）。

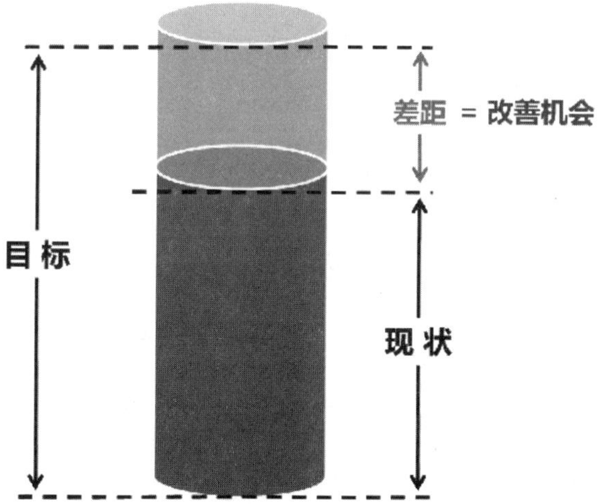

图4–2　角色目标与现状之间的差距

为了进一步说明“品类角色”“品类评估”“品类评估表”的定义和联系，我们还以前面举过的“足球队”和“拍戏”来说明。

主教练通过试训和观察，发现了球员A速度快、跑位好，因此决定让他踢前锋。但这只是说明A具备成为一名前锋的潜力，目前的A却并不一定就真的能胜任前锋这个角色。如果要A成为一名真正的前锋，势必要以前锋的要求对他进行针对性的训练，比如要在盘球过人、射门精确度等方面对他进行评估，评估他在这些方面与一名合格的前锋都存在哪些差距，然后再对其进行一系列的针对性训练，只有这样，才能将他变成一个理想的前锋。

导演发现了一个外形非常符合演张飞的演员，但同样不能说明他现在就可以演张飞了。要想让观众在心里就认定他是张飞，还要针对语言、动作、眼神等方面去评估生活中真实的他与角色之间的差距，然后以这些差距来帮助他把握张飞这个角色，只有这样，才能达到演出一个“活张飞”的效果。

讲到这里，再站在品类管理的整体概念上，为“品类角色”“品类评估”“品类评估表”分别定义。

品类角色：一个决策树中分支的品类角色，是它要努力去实现的理想状态。

品类评估：评估“品类角色（目标）”与“品类现状”之间存在哪些差距，并从中找出改善和实现品类角色的战略机会。

品类评估表：将品类评估得出的差距量化成一份可度量、可跟踪的“目标数值清单”，以此作为采取后面的经营对策及监控其进度和效果的标准。

■ 机会差距和业绩差距

差距本身有时并不像想象的那么简单。它又分为“机会差距”和“业绩差距”两种（见图4-3）。

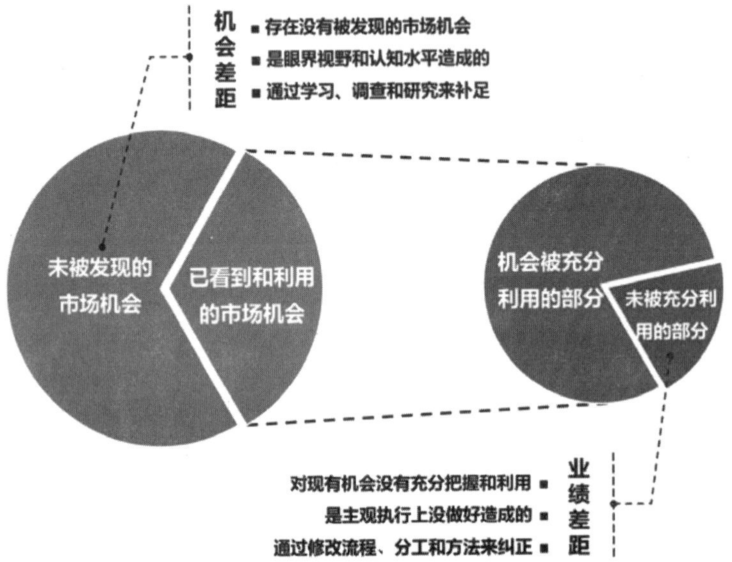

图4-3 机会差距与业绩差距

（1）机会差距

由于经营者自身条件（主观上是经营者的知识、见识、认知水平等，客观上可能是资金、店面、人脉、市场大环境等）的限制，加之又未能发现市场机会，从而导致现实与理想状态间的差距。

（2）业绩差距

对现在已看到的机会没能充分把握和利用，是主观执行不力造成的与理想状态间的差距。

（3）两者的本质区别

业绩差距和机会差距的概念很早就被提出了，业绩差距很容易理解，但它与机会差距的本质区别是什么呢？

业绩差距是“实际做到的”和“期望目标值”之间的差距；机会差距是“既定的期望值”与客观环境下“其他可以设定的期望值”之间的差距。简单来说，前者是“做到”和“看到”之间的距离，后者是“实际看到的”和“可以看到的”之间的差距。如果从当事人面对两种差距时产生的感受来形容这两种区别，业绩差距给当事人的感受是“射门不中的懊恼”，机会差距给人的感受是“悔不该当初”的无奈。

下面举个具体的例子，假设您正在自己创业，经营一个水果店，虽然您对这个行业的经验不是很多，但是您非常努力。这个月您给自己定下了一个挑战性的目标是“卖出500千克榴莲”，结果最终却只卖出了400千克，那么这与目标相差的100千克就是“业绩差距”。

有一天，您无意间发现临街的另一家水果店B也卖榴莲，却从来没见水果店B扔过榴莲皮。您好奇地打听这是怎么回事，最后榴莲供货商告诉您：“哦，我们回收新鲜榴莲皮，4角/千克，您以后也可以卖给我们。”这4角/千克的差距，就是“机会差距”。它客观存在，但您并不知道，是您由于经验、见识、知识等方面的欠缺而没有看到的机会。

这种机会差距，也是您本来可以同时把握两个（或更多）机会，但因既定计划中只包含了其中的一个（一部分）而导致的差距。这是未能拓展更多可能性而导致的机会差距，被称为“兼容性机会差距”。

还有另一种类型的机会差距：同样是选几种应季水果来搞促销活动，而临街的水果店B在搞相同商品的促销时，同样品种、同样品质的商品常常比您便宜很多，这就使得您的很多顾客被他们抢走了。

经过调查，您发现他们的进货渠道更广泛，而且大部分应季商品尤其是促销商品都是从周边郊区的种植户手中直接收购的，并未通过经销商。这样，他们在进货过程中就少了一个环节，从而降低了进货成本，售价当然也就比您便宜。同样品种、同样品质，价格更便宜，差价还相同，反映到销售额和收益上肯定会和您拉开一定的差距，这也是一种机会差距。

这时，作为经营者，您实际上会面临一个二选一的局面：同一批货，要么从经销商那里进货，好处是经销商会为您做好包装、初步筛选、商品运送等工作，坏处是进价更高；要么选择从种植户那里直接进货，好处是进价更便宜，坏处是您需要自己筛选商品和自行运输。当然，若要作出最终的决策，还要进一步地分析和研究各种选项之间的利弊，这实际上仍然是在考验您的认知水平，因为不同的认知水平将导致面对选择时不同的决策，进而导致结果上的差距。

这种因为您选择甲而无法同时选择乙，使得本可以做得更好，实际却没做到，从而在结果上产生的差距，是战略制定或策略的选择上导致的差距，被称为“非兼容性机会差距”，是另一种机会差距（见图4–4）。

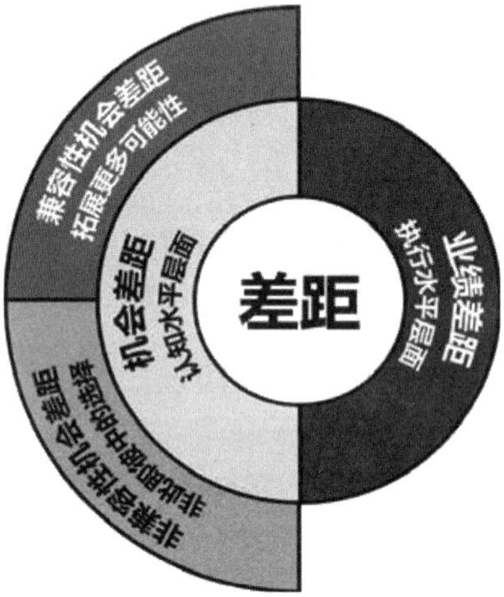

图4–4　差距分类轮

简而言之，差距包括业绩差距和机会差距，机会差距中又包括未能拓展更多可能性而导致的“兼容性机会差距”，以及因目标选择而导致的“非兼容性机会差距”。两类机会差距都是经营者在认知水平层面上产生的决策性差距，跟您在执行层面上做到还是没做到无关，这就是机会差距和业绩差距的本质区别。所以通过读书学习来增长见识，进而提高您的认知水平，帮助自己作出更优的选择与决策，是多么的重要。

■ 品类评估就是要找出和分析差距，并找出战略机会

前面说过，差距= 机会，找到了差距，也就找到了进步的机会。

您如果能清楚地认识和分析各个品类分支与其角色之间存在的差距，也就意味着您能发现将其引导到其品类角色理想状态的机会，即：评估（找出）差距→改善机会 → 提出对策 → 实现目标。其中前两步，就是品类评估要做的事情。

通过评估“品类角色（目标）”与“品类现状”之间存在哪些差距，并从中找出改善和实现品类角色的战略机会。

品类评估主要寻找的是机会差距。品类评估的步骤主要包括收集信息；分析信息；找出“机会差距”，也就是找出改善的机会（见图4–5）。

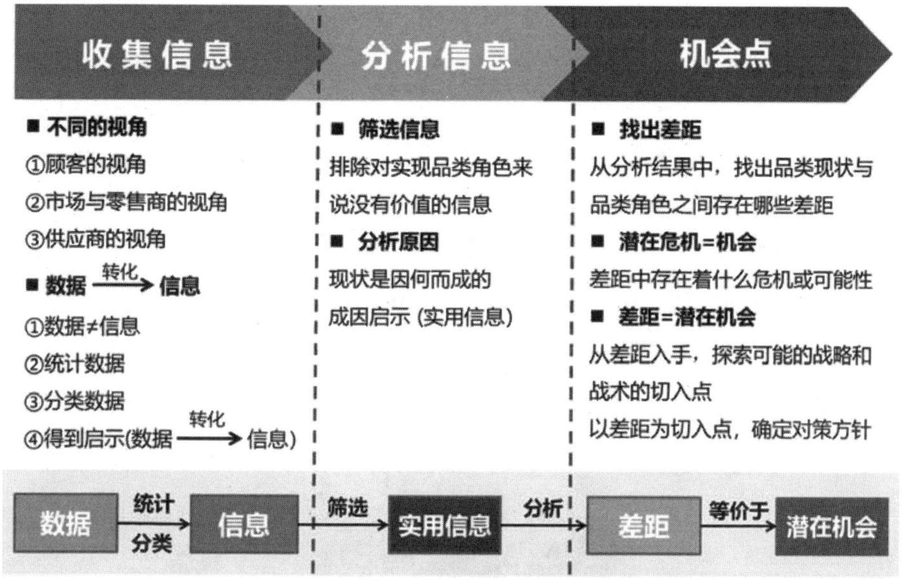

图4–5　品类评估的3个步骤

■ 品类评估的分析视角

品类评估分析视角是指根据某一分支目前的经营指标，分析它的现状、成因，进而评估出与角色差距的具体方法，不同的企业有着自己不同的分析要求和分析视角。

品类评估分析视角主要有以下3个步骤（见图4-6）。

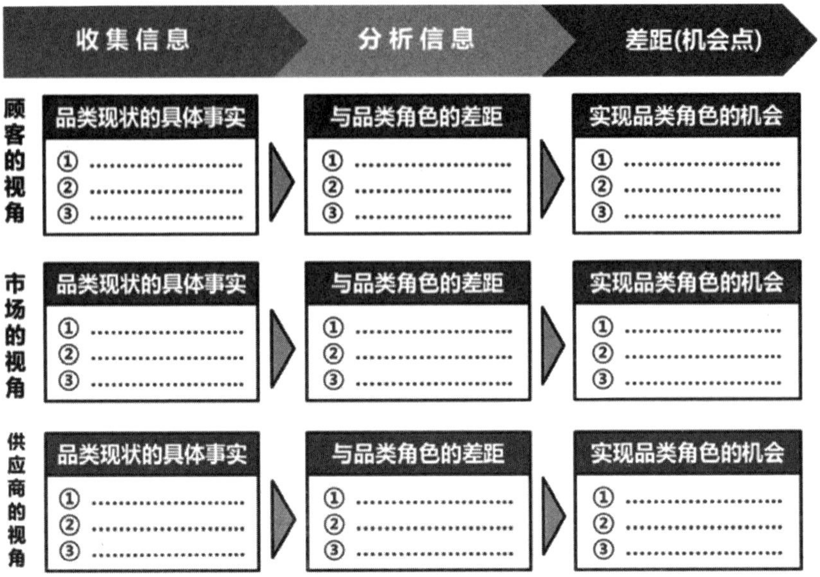

图4-6　从各个不同的角度，分别进行品类评估的3个步骤

1.顾客的视角

对顾客调查的方法和模型有无数种，这里只介绍两种最常用的调查方式（见图4-7）。

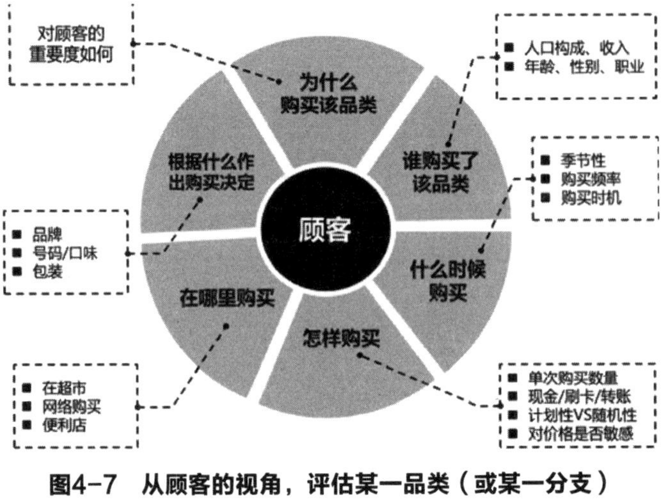

图4-7　从顾客的视角，评估某一品类（或某一分支）

一是经营者对该品类分支的调查方式。站在顾客的视角，思考图4-7中的六个方面。这种做法的好处是快速高效，坏处是易发生片面性。

二是问卷调查方式。通过问卷调查的方式，抽样调查具有一定代表性的顾客样本，但在样本的数量、年龄构成、职业构成等方面一定要注意均衡性和随机性。

2.市场与零售商的视角

在这个视角中，一般是从下面三个方面来进行分析的。

一是分析市场涵盖的范围。

二是分析该品类分支的市场占有率（整个市场中品类分支的市场占有率；零售商自己的该品类分支的市场占有率）。

三是分析该品类的经营指标现状和未来趋势。

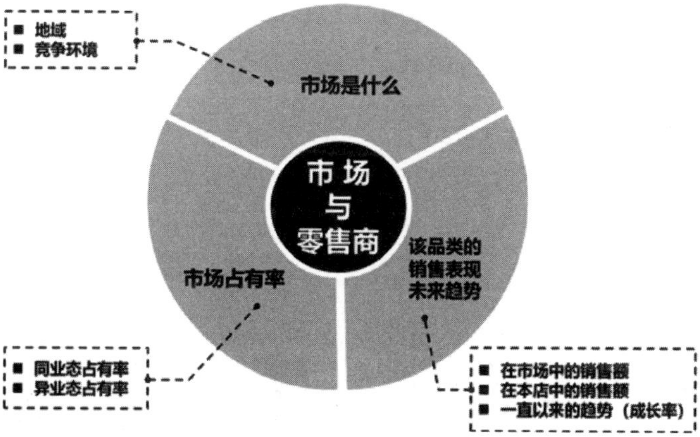

图4-8　市场与零售商

从市场与零售商的视角出发的品类评估，如图4-8所示，是本书介绍的重点，因为在这个视角中，作为经营者，您能得到的数据最全面、最客观，也最具有可控性和筛选的可行性。

3.供应商与合作伙伴的视角

实际上，从供应商这个视角得到的数据，常常会带有强烈的主观性和筛选不可能性。因为像供应商这种第三方提供的数据信息实际上的可借鉴性并不强，所以，不建议通过此种视角去进行分析。关于这方面，如果想深入地了解，可以去阅读《魔鬼经济学》或者有关博弈论和对策论的书籍，本节就不在这里作具体讲解了。

■ 可资借鉴的经典分析工具

在此为您介绍几种经典的、被业内广泛应用的分析工具，以期给您带来更多的帮助。

1.波士顿矩阵：机会差距分析（数据充足时）

“波士顿矩阵”由“波士顿咨询公司”首创，采用“本店市场占有率”与“市场成长率”构成的二维坐标系，并以此将各个品类与品类分支划分为四个象限，分别进行讨论和分析。

这种利用事物的两个关键性质来构建坐标系，从而进行四象限分析的方法，是统计学、数学、经济学中最常用的经典方法，希望您能掌握这种经典的建模方法。

许多分析工具，重要的不是理论本身，而是理论背后的思维方式。因此，您必须要多掌握一些分析方法，以便改善您的整体思维方式。

首先，您要将各个品类分支的各种销售指标列出（见图4–9）。

品类分支	销售额（万元）	销售额占比	市场占有率	市场成长率
黑巧克力	201.2	9.7%	2.1%	17.1%
白巧克力	217.3	10.5%	3.4%	13.3%
奶油巧克力	460.3	22.3%	4.3%	-3.2%
坚果巧克力	521.2	25.2%	4.8%	7.9%
巧克力礼盒	344.7	16.7%	3.2%	-1.3%
单条装巧克力	323.6	15.6%	3.0%	-6.3%
合计	2068.3	100.0%	20.8%	21.10%

图4–9　品类分支指标统计表

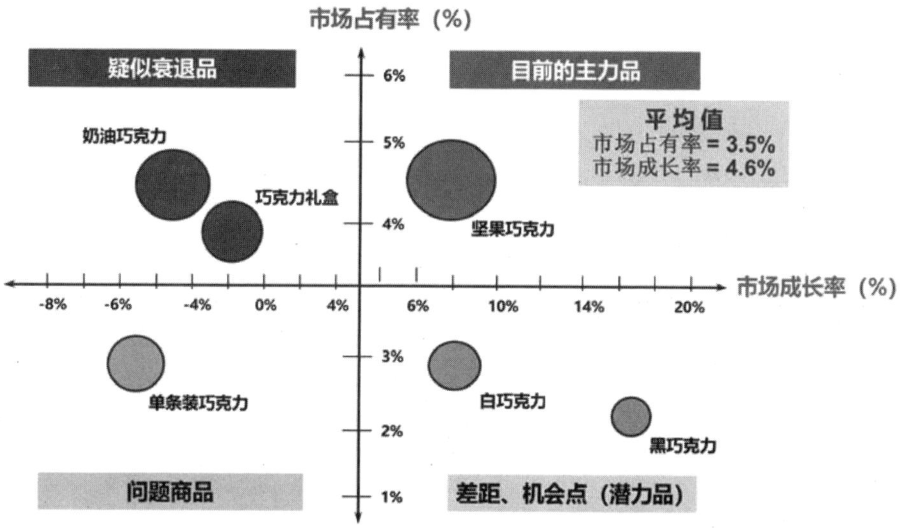

图4-10　由图4-8绘出的波士顿矩阵

其次，以“市场成长率”为横轴，以“市场占有率”为纵轴，构成一个直角坐标系，接着将黑巧克力、白巧克力等六个品类分支在这个坐标系中的位置标出，这样，我们就得到了一个波士顿矩阵，如图4-10所示。这里需要注意的是：坐标系的原点，即两个轴的交点，要以平均值确定两个轴的交点。也可以做成“气泡图”，气泡的大小表示销售额的大小。波士顿矩阵的作用，是帮助我们寻找该决策树的“机会差距”。

下面再来详细讲讲波士顿矩阵中的四象限。

第一象限：赢家 = 高市场成长率 + 高市场占有率。

第二象限：沉睡者 = 低市场成长率 + 高市场占有率。

第三象限：问题儿童 = 低市场成长率 + 低市场占有率。

第四象限：机会差距/突破口 = 高市场成长率 + 低市场占有率。

图4-11中属于“第四象限”的决策树分支，呈现出高速的成长趋势，这说明它们有着良好的市场前景。同时，它们的市场占有率却不高，这说明您现在对它们的重视程度还不够，或者说它们正在您的视野之外默默地崛起。而这种状态正是典型的处于机会差距状态中的商品，如果您对机会差距增加更多的投入，就很可能收获额外的惊喜（见图4-11）。

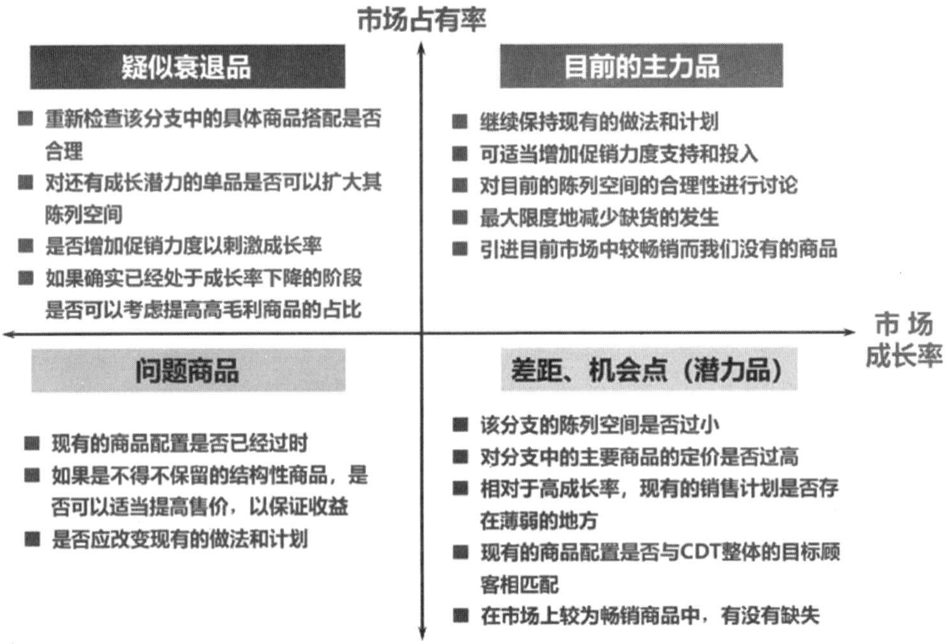

图4-11　波士顿矩阵-象限对策

然而，精准、全面的市场占有率和市场成长率等数据往往并不容易得到。在缺乏直接数据的情况下，可以利用对每个决策树分支在本店内的占有率和成长率来进行分析；也可对商圈内的竞争对手在某个时期内，对每个决策树分支的陈列面积占比和陈列面积的增长率来作波士顿矩阵分析。

波士顿矩阵的价值在于：我们可以按照四个象限的性质，针对每个象限采取相应的措施。

2.SWOT矩阵：机会差距分析（数据不足时）

SWOT矩阵是另一个著名的咨询公司“麦肯锡”首创的评估模型，也是一个应用非常广泛的评估机会差距的经典工具。

但凡是“矩阵”，就意味着要以一个事物（分析对象）的两个方面构成一横一竖的垂直坐标系，然后取横竖间各元素的相交区域，对该事物的各个方面进行剖析，SWOT矩阵也不例外（见图4-12）。

SWOT		内部分析	
		优势 (S)	劣势 (W)
		列举优势 1. 2. 3.	列举劣势 1. 2. 3.
外部环境分析	机会 (O)	SO战略	WO战略
	列举机会 1. 2. 3.	发挥优势，最大限度地利用机会 S1.O1- S1.O2-	通过最大限度地利用机会克服劣势 W1.O1- W1.O2-
		SO综论	WO综论
	威胁 (T)	ST战略	WT战略
	列举威胁 1. 2. 3.	利用优势将威胁降到最小限度 S1.T1- S1.T2-	最小化劣势，规避威胁 W1.T1- W1.T2-
		ST综论	WT综论

图4–12　SWOT矩阵

（1）横轴：本店内部的优势与劣势

通过与市场上的竞争对手相比较，分析出相对于竞争者，本店自身具有哪些优势（S）和劣势（W），然后将这些优势和劣势一一罗列出来，如图4–13中S项里的1、2、3。

（2）纵轴：外部客观环境的机会与威胁

分析本店所处的社会、文化、市场等外部的客观环境，得出外部环境对于本店存在哪些机会（O）和威胁（T），然后在纵轴上一一罗列出来。比如：店铺所在地要通地铁了，这就是一个外部环境带来的机会；又如：店铺门前要修高架桥，交通封锁三年，这三年中只能通过自行车出行，连小汽车都过不来，这就是外部威胁，它与店铺自身做得好不好没有关系。

将SW与OT相互交叉，运用四个象限进行分析，也就是将本店内部的各项优势（S1、S2、S3）与外部环境的各种机会（O1、O2、O3）互相组合起来，逐条分析，寻找对策。

依次使用同样的方法，可以组合出WO区、ST区、WT区，并逐条给出战略方向。注意，每个区域中的大多数组合，会是不合理甚至矛盾的组合。比如：S1是进口商品齐全，O1是本国汇率大幅下降，这两个放到一起，恰成反药。

将四个象限独立出来，并对每个象限的对策方向进行综合分析，然后针对四个象限的不同性质，总结出SWOT总论。而这个总论，就是您的机会差距（见图4–13）。

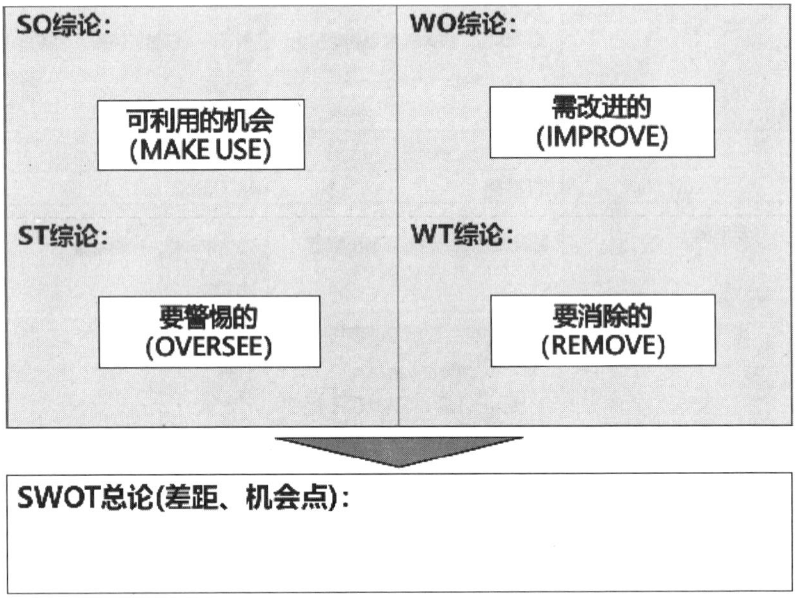

图4–13　SWOT综论矩阵

3.相乘积矩阵：利润贡献率分析

这里介绍一个重要的贡献度指标——相乘积（CTM），它反映了每个品类分支（当然也可以应用于最小存货单位级别的分析）对该品类整体的利润贡献度。

$$相乘积 = 销售占比 \times 毛利率$$

下面仍然用之前的巧克力决策树举例，图4–14中，将每一个分支的“销售占比”与其“毛利率”相乘，得到相乘积，然后将各个分支的相乘积加在一起，就得到了巧克力决策树的整体毛利率。因此，从这里可以看出，相乘积实际上就是对所有品类分支毛利率的加权平均。

品类分支	销售额（万元）	销售额占比	市场占有率	市场成长率	毛利率	相乘积
黑巧克力	201.2	9.7%	2.1%	17.1%	23.6%	2.3%
白巧克力	217.3	10.5%	3.4%	13.3%	20.1%	2.1%
奶油巧克力	460.3	22.3%	4.3%	-3.2%	18.8%	4.2%
坚果巧克力	521.2	25.2%	4.8%	7.9%	17.3%	4.4%
巧克力礼盒	344.7	16.7%	3.2%	-1.3%	21.9%	3.6%
单条装巧克力	323.6	15.6%	3.0%	-6.3%	25.2%	3.9%
合计	2068.3	100.0%	20.8%	21.10%	20.5%	20.5%

图4-14　巧克力决策树的相乘积

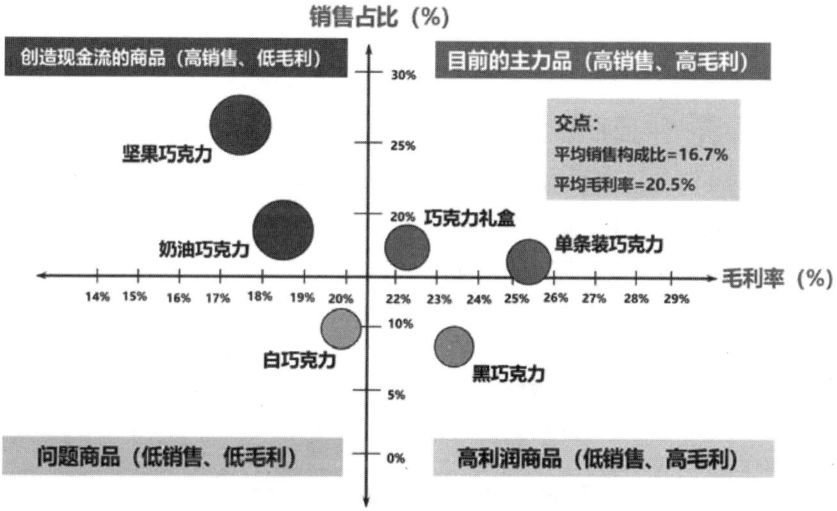

图4-15　相乘积四象限-矩阵分析

就像绘制“波士顿矩阵”一样，根据图4-15所示，以“毛利率”为横轴，以“销售占比”为纵轴，构成一个直角坐标系。再将黑巧克力、白巧克力、奶油巧克力、坚果巧克力、巧克力礼盒、单条装巧克力等分支标示在这个坐标系中，这样，您就得到了一个“相乘积矩阵”。

同时，我们还可以按照相乘积矩阵四个象限的性质，针对每个象限采取相应的措施（见图4–16）。

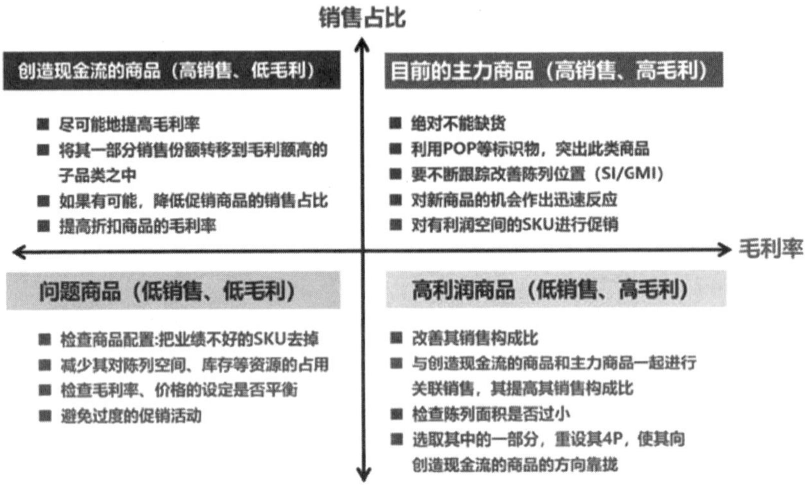

图4–16　相乘积矩阵

4.在库投资回报率分析

GMROI是探索投资回报率方面改善机会的模型。“在库投资回报率”描述的是：每投入1元钱的库存（投入的成本），就能得到一定的收益（毛利额）。这个指标试图从周转速度和毛利率两个方面寻找改善机会，也是投资人对自己投资效率作出判断的重要参考（见图4–17）。

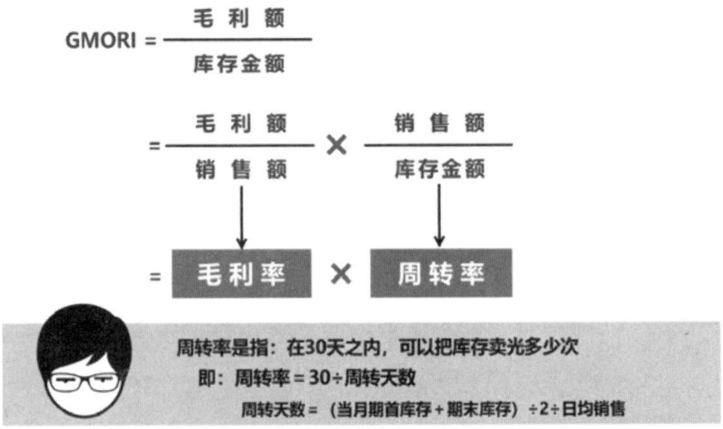

图4–17　在库投资回报率

现在，您在之前的基础上，为“巧克力决策树”添上在库投资回报率值（见图 4-18）。

品类分支	销售额（万元）	销售额占比	市场占有率	市场成长率	毛利率	相乘积	周转率	在库投资回报率
黑巧克力	201.2	9.7%	2.1%	17.1%	23.6%	2.3%	0.53	0.16
白巧克力	217.3	10.5%	3.4%	13.3%	20.1%	2.1%	0.67	0.17
奶油巧克力	460.3	22.3%	4.3%	-3.2%	18.8%	4.2%	1.07	0.25
坚果巧克力	521.2	25.2%	4.8%	7.9%	17.3%	4.4%	1.22	0.26
巧克力礼盒	344.7	16.7%	3.2%	-1.3%	21.9%	3.6%	0.76	0.21
单条装巧克力	323.6	15.6%	3.0%	-6.3%	25.2%	3.9%	0.82	0.28
合计	2068.3	100.0%	20.8%	21.10%	20.5%	20.5%	0.78	0.20

图4-18 巧克力决策树的在库投资回报率

根据图4-19所示，以“毛利率”为纵轴，以“周转率”为纵轴，构成一个直角坐标系，再将黑巧克力、白巧克力、奶油巧克力、坚果巧克力、巧克力礼盒、单条装巧克力等分支标示在这个坐标系中。这样，您就得到了一个“在库投资回报率矩阵”（见图4-19）。

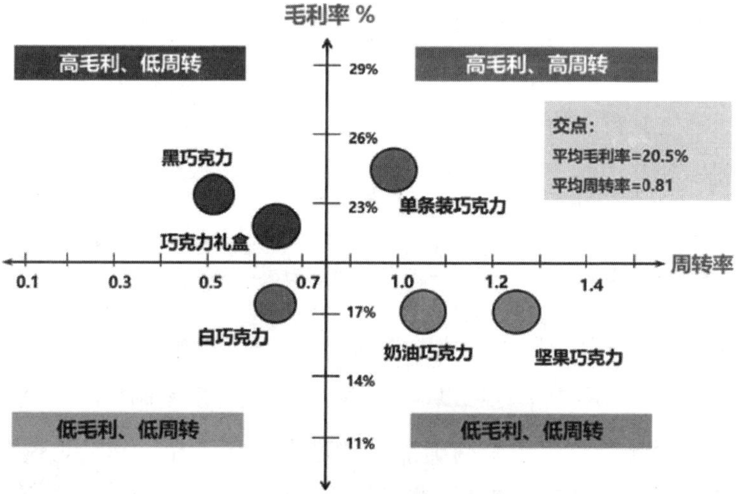

图4-19 在库投资回报率矩阵

与波士顿矩阵一样，我们可以按照在库投资回报率矩阵四个象限的性质，针对每个象限采取相应的措施（见图4-20）。

图4-20　商品毛利回报率矩阵-象限对策

细心的您可能已经发现，这四种经典的评估模型，其思维方式都是一样的。即：提炼出研究对象的两方面性质，然后以这两方面性质构建二维直角坐标系，再将研究对象中的各个元素依坐标填入坐标系中。由此，依各元素所处象限的不同，将其分出具有不同性质的四个类型，进而分门别类地得出改善措施的战略方向。

希望您能掌握这种经典的思维方法，并运用到自己的工作中。如果您在学习某个具体理论体系（比如品类管理）的过程中，能学到其中蕴含的各种思维方法，将让您终生受益。所以，我一直信奉一句话：理论本身并不重要，重要的是理论背后的思维方式。

■ 品类评估表

将品类评估得出的差距量化成一份可度量、可跟踪的“目标数值清单”，既可以作为以后的经营对策，也可以作为监控其进度与效果的标准。

品类评估表就是一份用来精确描述“品类现状”和“品类角色”的数值清单。在这份数值清单中，要包括哪些具体指标呢？这个问题要根据企业自身的特点和实际情况中的需要而自行设定。图4-21列出了在零售业中最常用的一些数值指标，供读者参考。

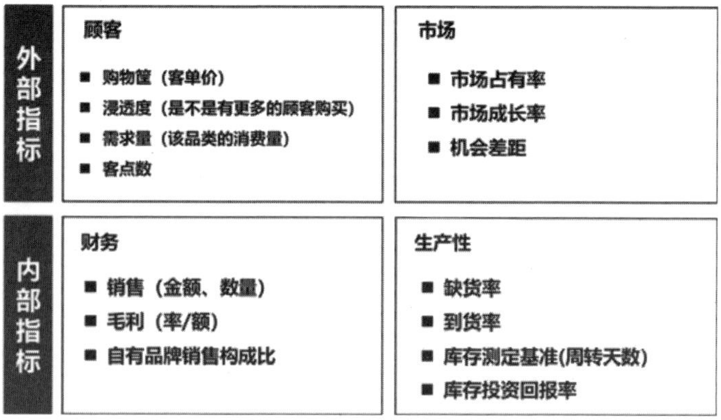

图4-21　品类评估表常用的指标

为了帮助大家更好地制定出一份优质的品类评估表，下面还是用“巧克力决策树”来为大家举例。图4-22是针对“巧克力决策树”整体制定出的品类评估表，实际工作中不仅要给出一个品类整体的评估表，还要对决策树中的每个分支细分下去，给出它们各自的评估表（见图4-22）。

品类评估表（巧克力）	现状	目标
顾客		
入店购买率（买巧克力人数占比）	13.17%	13.50%
客点数（PI值）	2.31	2.38
消费频率（次/周）	0.89	0.91
市场		
品类市场占有率	36.50%	38.90%
自有品牌占有率	18.90%	19.40%
财务		
销售额（万）	2068.00	2300.00
销售额增长率	2.30%	3.50%
毛利额（万）	440.48	506.00
毛利率	21.30%	22.00%
自有品牌销售额（万）	7,536	7,875
自有品牌毛利率	33.90%	32.80%
生产性		
库存周转天数	21	15
库存金额（万元/月）	207.13	186.42
库存周转率	9.98	12.34
在库投资回报率	0.21	0.22
坪效（年销售额/占用面积）	68.93	76.67

4-22　巧克力决策树的品类评估表举例

■ 什么是品类评估

品类评估就是明确该品类的“现实情况”和“角色作用”之间的差距，并以差距作为实施相应战略和战术的最佳切入点和立足点。从顾客、零售商、供应商、市场四个维度，分别进行情报收集、情报分析，给出现存差距的定性结论。使用标准化的分析流程，搞清楚品类中的各个要素所起的作用，以差距作为确定品类“战略战术”的依据和线索。

■ 什么是品类评估表

品类评估表是作为把握“预期结果”和“现在的进展状况”一致性措施是否有效的指标，是零售业和供应商员工的报酬与评价的基础，也是零售业和供应商之间紧密关系的保证。

品类评估表主要是通过“品类评估”找出来的差距，经过分析总结，量化为一系列可监控的数值，以随时监控战略战术与角色定义的相符度和执行度，进而设定品类业绩目标，作为零售商经营的基准，以保证品类评估表的目标与企业的目标保持一致。

第五章　品类战略

您为顾客的某种需求定义了对应的品类、画出了决策树，然后为决策树的每个分支分配了角色任务，接着又对各个分支的现状与其角色之间的差距进行了评估和量化，接下来就该考虑如何使品类现状向品类角色靠拢的战略、战术（具体措施）了（见图5-1）。

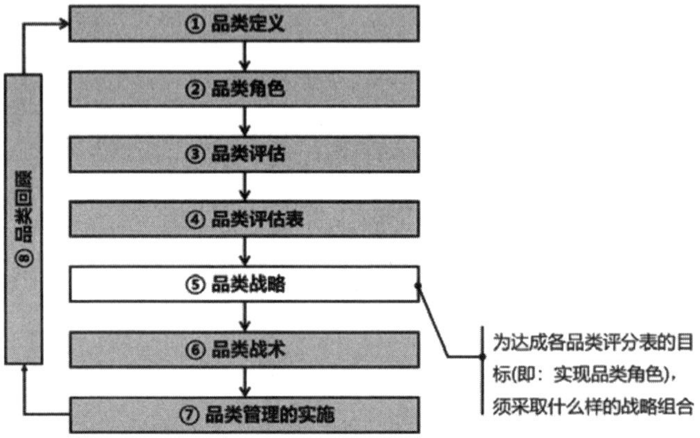

图5-1　品类管理步骤中的品类战略

■ 什么是战略？什么是战术

要学习、掌握和制定品类的战略、战术，首先就要搞清楚“战略”与“战术”的区别（见图5-2）。

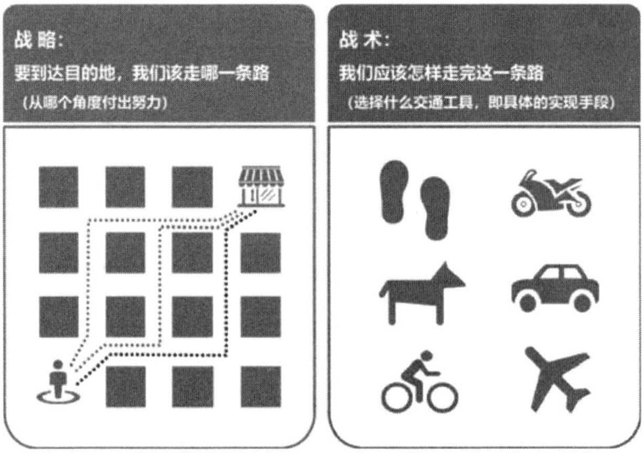

图5-2　战略与战术的区别和联系

如果你现在要去附近的便利店买东西，这时的便利店就是您的目的地，假设您现在的位置与便利店之间有三条路可选，那么这三条路就相当于三条战略路线，您要先决定走哪一条路，或者前半段走路线1，后半段走路线2，这就是战略层面的概念。

在确定好路线之后，就要考虑以什么方式走完这条路，是步行、骑马、骑自行车，还是开车，这就是战术层面的东西。

如果图5-2还不够明白，再用一个喜闻乐见的社会活动——“恋爱”来举一个具体的例子（见图5-3）。

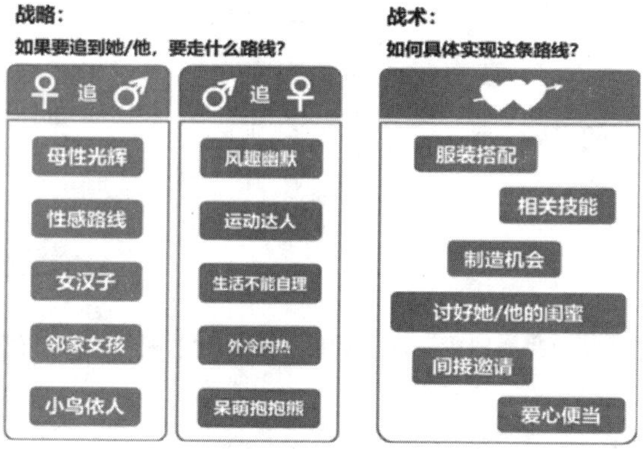

图5-3　如何追到她/他

现在回到品类管理。在品类管理中，要结合品类角色、品类评估等概念和步骤，正确理解品类战略和战术（见图5-4）。

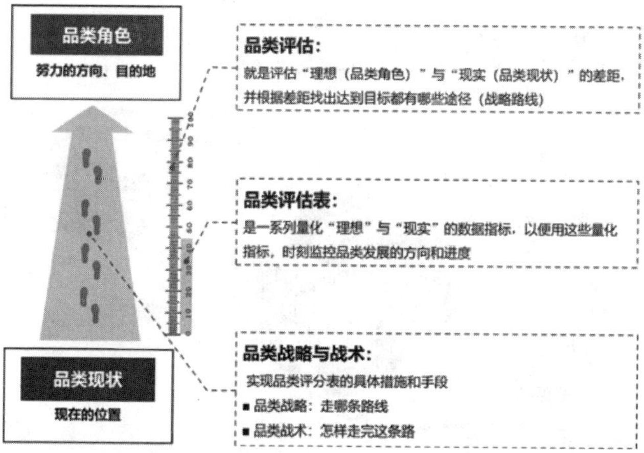

图5-4　品类现状→品类角色→品类评估→品类评估表→品类战略→品类战术

品类角色：是指目标和理想状态。品类评估：是指寻找差距，以寻找制定战略的切入点。品类评估表：是指明确究竟在哪几个具体方面达到怎样的水平，才算是实现了品类角色。品类战略：是指实现品类评估表以及品类决定的路线。品类战术：是指如何具体实施这条路线。

如果还不明白，再来看图5–5所示。

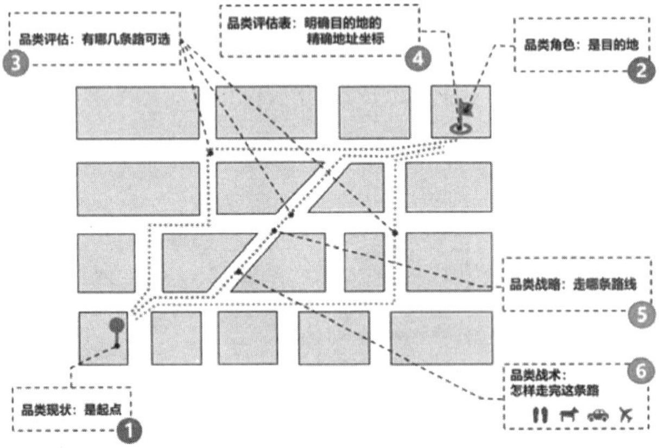

图5–5　品类现状→品类角色→品类评估→品类评估表→品类战略→品类战术

■ 品类战略的概念

品类战略就是将品类从“现状”引导到“理想状态”的路线和纲领，即品类角色与评估表的实现方式（见图5–6）。

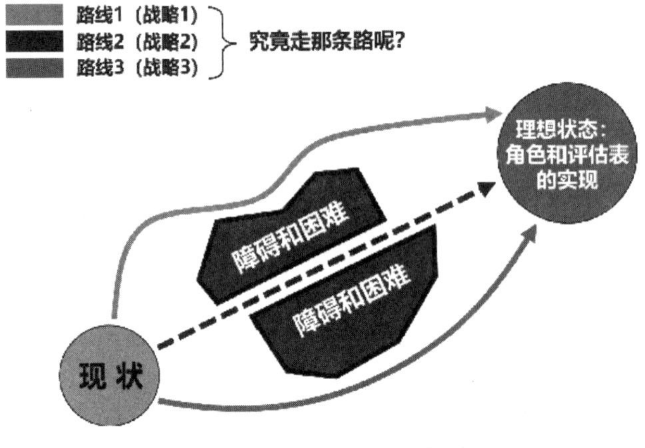

图5–6　品类战略的概念

■ 品类战略的范畴

品类战略包括三个方面的内容：一是商品营销战略，二是店铺服务战略，三是供应链战略（见图5–7）。

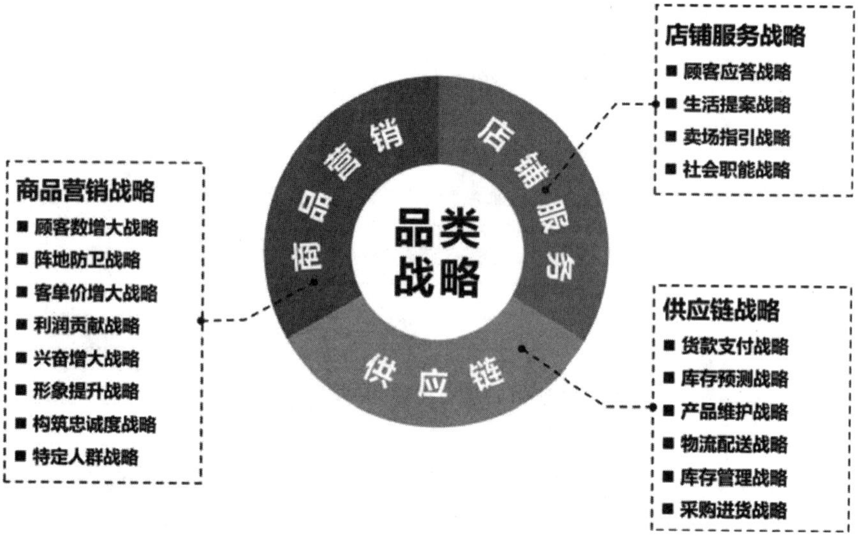

图5–7　品类战略的范畴

其中，“店铺服务战略”和“供应链战略”是行政管理方面的范畴，在品类管理问世之初的战略范畴中并不包括这两项，是被后人们延伸出来的，对于营销来说能起到辅助和促进的作用。本书旨在介绍“原汁原味”的品类管理理论，所以，在这里仅对“商品营销战略”展开详细讲解，下文中的“品类战略”也指“商品营销战略”。如果您对另外两方面的战略感兴趣的话，可以寻找专门介绍这两方面的书来加以了解。

■ 品类战略的种类

要为决策树的每个分支选择合适的战略，就要知道有哪些战略可选。在品类管理中，已经为您总结出了8个品类战略，如图5–8所示，要实现各个品类分支的品类角色和评估表的数值，可以直接从这8个品类战略中选取。

品类战略	概要、描述
顾客数增大战略	•把顾客吸引/争夺到自己的店铺里来 •不能作为长期的战略来实施，只能是每隔一个时期间断式实施
阵地防卫战略	•把“顾客数增大战略”吸引来的顾客留住的战略 •需要长期保持的长期性战略（提供一贯的配套服务或优惠）
客单价增大战略	•以让顾客买得更多为目的的战略（比如推出“量贩装”等）
利润贡献战略	•以扩大高毛利商品的销售为目的的战略 •提高品类的相乘积（综合毛利率）
兴奋增大战略	•提高顾客购物兴奋度（购买欲望）的战略 •刺激顾客，使顾客的购物停不下来
形象提升战略	•向顾客传达店铺某一种印象的战略（服务、丰富性、价格、品质等）
构筑忠诚度战略	•为顾客提供生活解决方案，提高顾客认同感、再来店率的战略
特定人群战略	•针对特定人群的战略（风俗习惯、年龄、无糖无脂等）

图5-8 品类战略的种类

需要说明的是，您为某个品类分支选择品类战略时，并不是只能从这8个品类战略中选取一个，为了达到决策树整体的经营指标间的平衡，这些品类战略之间往往是需要相互搭配使用的。下面就逐一对这8个品类战略做具体的介绍。

1.顾客数增大战略

以“从竞争店夺取顾客”为目的，是极具攻击性的战略，也是增加“顾客基数”的战略，主要是以提高顾客对该品类或该店铺的注意率（关注度）为宗旨，并非一种长期实施的战略，只能在一定时期内实施该战略（见图5-9）。

图5-9 顾客数增大战略

2.阵地防卫战略

以将“顾客数增大战略”争取来的顾客保持住为目的，保证不让顾客流失。这是需要长期持之以恒的战略（需要提供一贯的配套服务或优惠），常常与顾客数增大战略搭配使用（但也不绝对），要以“使竞争店难以复制”作为主要的努力方向（见图5-10）。

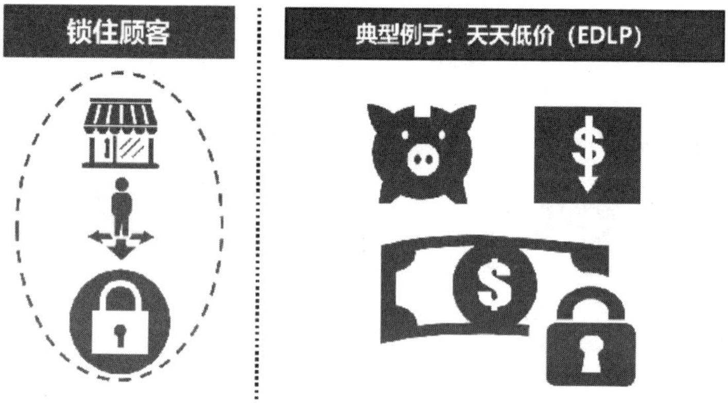

图5-10　阵地防卫战略

3.客单价增大战略

要以让顾客购买更多的商品为目的，组合装、量贩装、大包装等商品对增加客单价战略非常有利，“关联陈列”和“随机角”也是客单价增大战略的典型策略。要想方设法延长顾客的动线和在店铺停留的时间。以上战略的运用，其本质还是为了提高顾客计划外冲动性购买的概率（见图5-11）。

图5-11　客单价增大战略

4.利润贡献战略

利润贡献战略主要以扩大收益率为目的，最终的努力方向是提升高毛利商品的销售。必须想方设法提高决策树分支与整体的相乘积（综合毛利率），以此提高该品类整体的收益率与投资回报率，同时要避免价格本身的竞争，差异化经营是该战略的核心（见图5-12）。

图5-12　利润贡献战略

5.兴奋增大战略

这是激起顾客购物欲望的战略，通过琳琅满目的商品刺激顾客的感官，使顾客的购物停不下来。新商品、成长性高的商品是兴奋增大战略的典型商品，同时，卖场的氛围、装修风格也都可以提升顾客的兴奋度。当然，本战略的核心是提升顾客的购物体验，让顾客在购物中产生乐趣（见图5-13）。

图5-13　兴奋增大战略

6.形象提升战略

本战略主要是向顾客传达店铺的某一种印象，主要包括如下几个方面：一是货物丰富感的印象；二是低价（高性价比）的印象；三是高品质（安全安心）的印象；四是体贴入微（服务）的印象；五是温馨时尚的印象（见图5-14）。

图5-14　形象提升战略

7.构筑忠诚度战略

本战略是通过为顾客提供专业的解决方案，以提高顾客对自家店的忠诚度。比如：提高顾客认同感、再来店率；追求在某一方面不可替代；推出免费代收快递的业务；提供巨大宽敞的停车场等硬件配套设施等（见图5-15）。

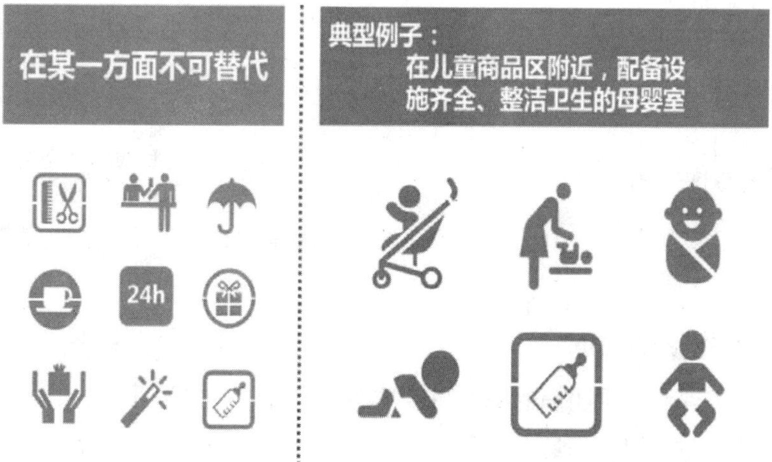

图5-15　构筑忠诚度战略

8.特定人群战略

这是针对特定人群的经营战略，要求经营者精确定位到某个范围内的顾客并以其作为目标顾客。典型的例子是日本药妆店、母婴店等。综合性购物中心或百货超市中的××专区也属此列，最典型的是综合类商品/食品（见图5-16）。

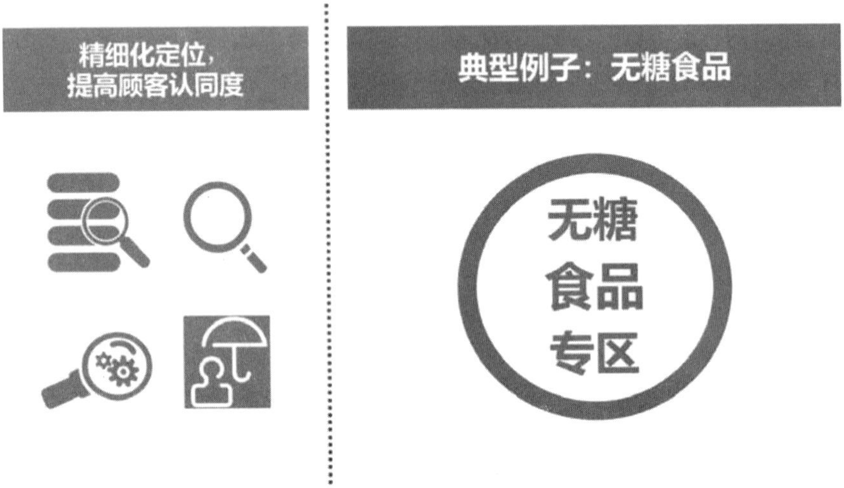

图5-16　特定人群战略

■ 如何为一个品类分支选择品类战略

在8个品类战略中，为一个分支选择最适合的战略组合（注意：是组合，而不一定是只选一个，为分支选择战略是一道不定项选择题），要从三个视角综合考虑。

1.从品类评估的视角

从顾客、零售业主、市场及供应商的评估结果中，揭示出有哪些战略机会与切入点？

2.从品类角色的视角

从“品类评估”中明确的战略机会能否在“品类角色”中发挥作用？即品类角色与战略方向之间是否具有一致性？

3.从品类评估表的视角

从“品类评估”和“品类角色”中明确的战略，是否能在“品类评估表”中实现？即“品类战略”与“品类评估”、“品类角色”、“品类评估表”是否具有一致性（见图5–17）？

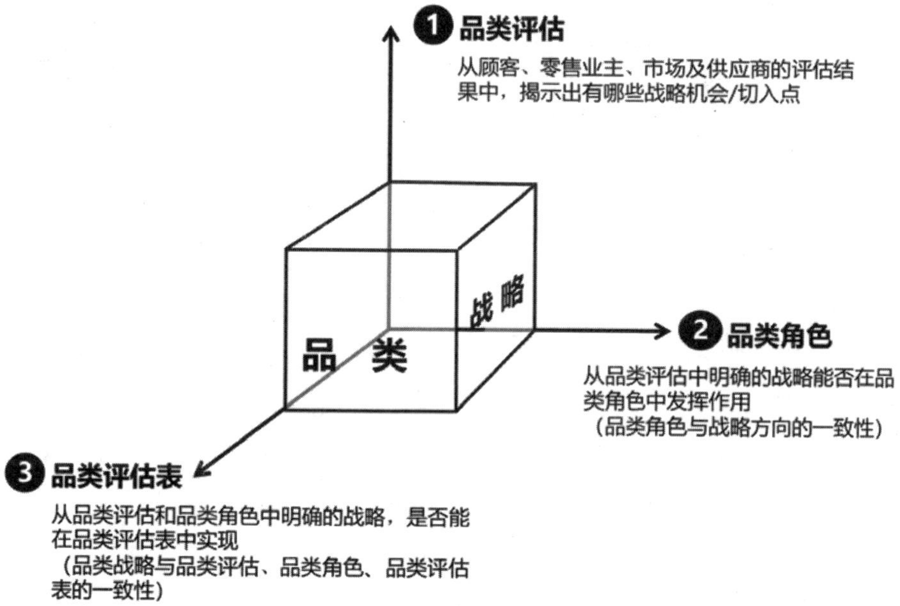

图5–17　品类战略的选择要从三个角度（维度）综合考虑

以这三个角度作综合考虑时，可以从三个视角独立地进行考量，然后再综合三方面的考虑结果，最后得出一个在三方面都具有一致性和兼顾性的品类战略组合。

图5–17表达的就是从三个不同的角度，分别独立考虑选择哪些战略，然后再将三方面的选择结果综合到一起，得出能兼顾三方面一致性的战略组合，这样的思考方式，我们称之为“独立综合法”。

与之相对应的，还有另一种思路，那就是从这三个不同的角度来综合考虑为一个分支选择适合的战略组合。但并不是“先独立、再综合”的思维方式，而是将这几个角度当作一层层的滤网，从8个战略中逐级逐层地进行筛选，最后通过筛选剩下的战略就是最终的战略组合。这种思考方式，我们称之为“逐级筛选法”（见图5–18）。

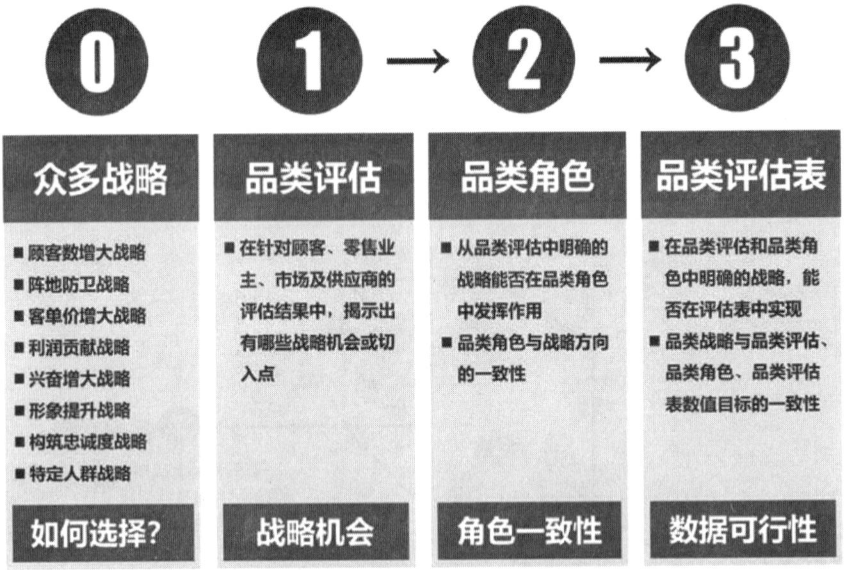

图5–18　确定品类战略的三级筛选法

■ 了解逐级筛选法

所谓逐级筛选法，就是先通过品类评估找出战略机会，然后在此基础上，再将该分支的品类角色加入考虑因素中，看看哪些战略比较适合，最后再加入品类评估表的因素，留下那些在数值上具有度量性和追踪性的战略。

这样一层一层叠加筛选条件的思考方法，在本质上并没有很大的不同。在具体的应用中，可以根据实际情况和个人的思考习惯来进行思考。

不管采用哪种方法，针对这三种不同的角度，具体应该如何操作呢？下面就分别介绍如何从这三种角度来作品类战略的选择。

1.以品类评估为导向，选择筛选品类战略

在对某个分支的品类评估中，我们会从“顾客、零售商与市场、供应商”三个方面去寻找差距，也就是改善机会，而改善机会，就是将实施战略的机会作为切入点。将这些评估出的战略切入点，作为选择对应战略的依据，并以此来考虑应该为这个分支选择什么样的战略（见图5–19）。

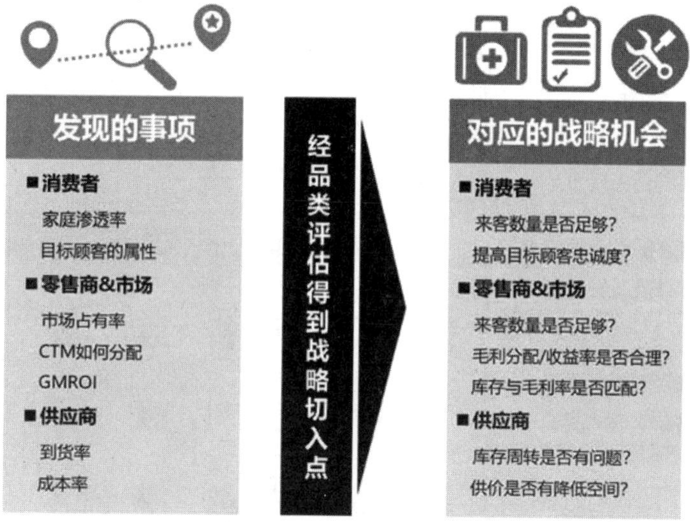

图5-19　以品类评估为导向，选择筛选品类战略

2.以品类角色为导向，选择筛选品类战略

不同的角色任务，必然有着不同的资源要求，为了让一个品类分支起到应有的角色作用，其对应的战略组合也必然不同。

图5-20总结了五大品类角色各自适用的品类战略，这是已经通过大量的实践总结出的结果，可以在实际工作中作为参考资料直接引用（见图5-20）。

角色	摘要、概述	推荐战略
目标性的	•代表商店的形象 •对于目标市场非常重要 •促进其他品类的增长	•顾客数增大战略 •阵地防卫战略 •客单价增大战略 •兴奋增大战略 •构筑忠诚度战略 •特定人群战略
优先性的	•成为同业态中，顾客优先选择的店铺 •对于目标市场非常重要 •促进其他品类的增长	
常规性的	•平衡销售额的增长与利润的增长 •是消费者每日必需的日常消费品	•顾客增大战略 •客单价增大战略 •利润贡献战略
时令（季节性的、偶然性的）	•平衡销售额的增长与利润的增长 •适时地满足消费者的需要	•客单价增大战略 •利润贡献战略 •形象提升战略
便利性的	•冲动增加顺带购买的机会 •突出商店“一站购买”的形象 •帮助商店的利润增长	•顾客增大战略 •兴奋增大战略 •利润贡献战略 •特定人群战略

图5-20　以品类角色为导向，选择筛选品类战略

3.以品类评估表为导向，选择筛选品类战略

品类评估表是一张数值清单，它明确了现状与目标之间的差距。因此，您可以通过品类评估表中各项指标的现状与目标的差距大小，来作为选择品类战略的判断依据（见图5-21）。

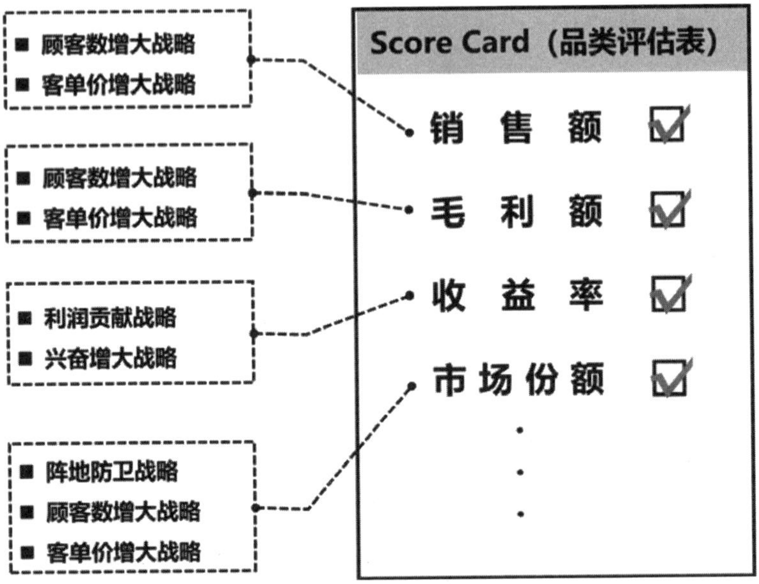

图5-21　以品类评估表为导向，选择筛选品类战略

例如，如果发现相对于其他指标来说，销售额与目标数值的差距非常大，那么当务之急就是提高销售额，与提高销售额相对应的品类战略就是可以考虑选取的战略。

■ 结合决策树，绘制“战略与战术”

什么是“战略与战术”，战略战术就是对决策树的进一步完善，由于完善的决策树决定着卖场的陈列，因此也被称为“卖场编成”。

仍然以巧克力决策树为例，用表格法将巧克力的决策树逐级列出，然后在每个分支的后面再标出各分支的角色、战略组合，并标出典型商品。我们称之为“战略与战术”，也称为“卖场编成”（见图5-22）。

品类	细分层级-1：按用途分	细分层级-2：按材料/包装分	品类角色	品类战略	典型商品
巧克力	普通装巧克力	黑巧克力	目标性商品	1. 顾客数增大战略 2. 阵地防卫战略 3. 特定人群战略	1.XX牌XX单品 2.XX牌XX单品 3.XX牌XX单品
		白巧克力	优先性商品	1. 构筑忠诚度战略 2. 阵地防卫战略	1.XX牌XX单品 2.XX牌XX单品
		坚果巧克力	常规性商品	1. 顾客数增大战略 2. 客单价增大战略	1.XX牌XX单品 2.XX牌XX单品
		奶油巧克力	常规性商品	1. 顾客数增大战略 2. 利润增大战略	1.XX牌XX单品 2.XX牌XX单品
	巧克力礼盒	方形礼盒	时令商品	1. 客单价增大战略 2. 兴奋增大战略	1.XX牌XX单品 2.XX牌XX单品
		异形礼盒	时令商品	1. 兴奋增大战略 2. 特定人群战略 3. 印象提升战略	1.XX牌XX单品 2.XX牌XX单品 3.XX牌XX单品
	单条装巧克力		便利性商品	1. 利润增大战略 2. 兴奋增大战略	1.XX牌XX单品 2.XX牌XX单品

←　CDT　→｜←　角色　→｜←　战略　→

图5-22　在决策树中，为各个分支标出相应的品类战略

这里在品类战术的后面标识出典型商品，是为了给阅读卖场编成的人或制作者一个明确具体的印象，这样，就能防止在之后的实际工作中偏离正确的轨道。

为了让品类角色起到应该起到的作用，并达成品类评估表中的目标数值（走哪条路、走什么路线），需从顾客、零售商、供应商、市场 4个维度，分别明确品类的角色、评估表对于投入资源的要求；明确选择与品类评估、品类角色、评估表具有一致性的战略。要随时监控评估表中实绩与目标之间的差距，以便随时矫正品类的发展方向，还要明确达成品类的角色作用以及评分表的目标数值的努力方向和路线纲领（走哪条路）。

第六章　品类战术

“品类战术”是“品类战略”的具体内容，两者是不可分割的整体。因此，我们再复习一遍战略与战术的关系和各自的作用。

战略是为达到目标，就是要走的大方向和路线，战术是实施这条路线的具体手段和方法（见图6-1）。

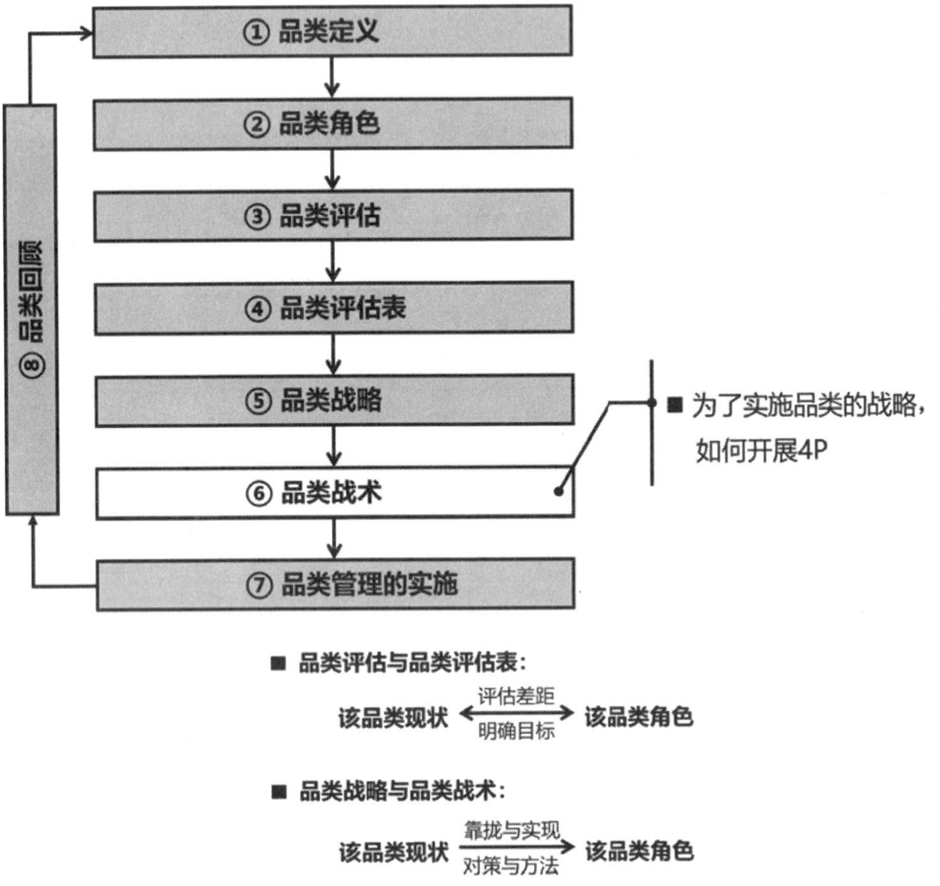

图6-1 品类管理步骤中的品类战术

具体到品类管理中，品类角色、品类评估、品类评估表、品类战略、品类战术之间的逻辑关系如图6-2所示。

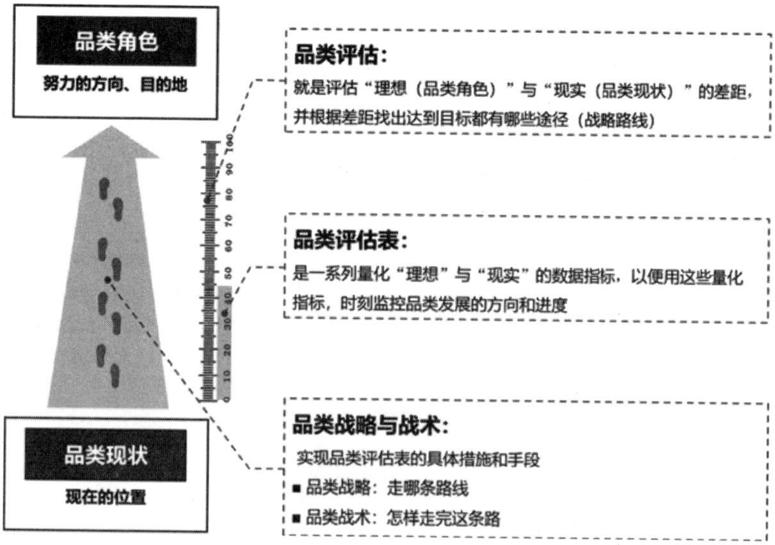

图6-2　品类现状→品类角色→品类评估→品类评估表→品类战略→品类战术

品类角色包括目标和理想状态；品类评估包括寻找差距，以寻找制定战略的切入点；品类评估表包括明确究竟在哪几个具体方面达到怎样的水平，才算是实现了品类角色；品类战略包括实现品类评估表以及品类决定的路线；品类战术包括如何具体实施这条路线（见图6-3）。

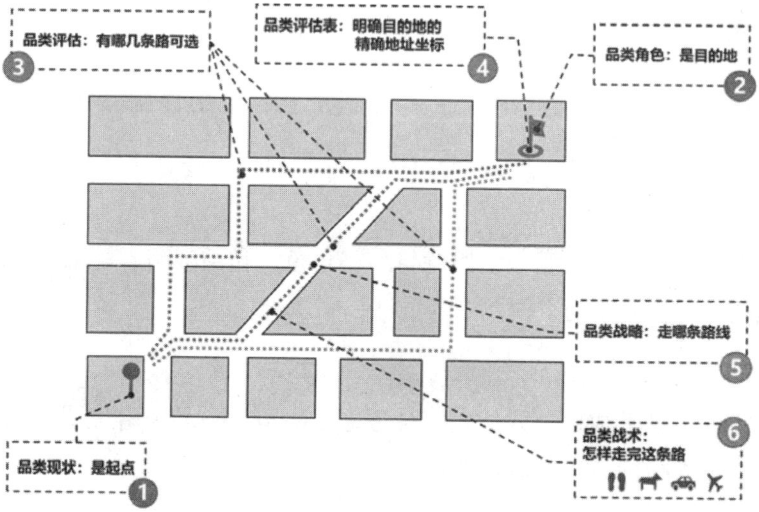

图6-3　品类战术路线

■ 品类战术的内容

品类战术主要由四个方面的要素构成，只要提到品类战术，就要同时想到这四个要素，缺少任何一个要素，品类战术都是不完善的（见图6–4）。

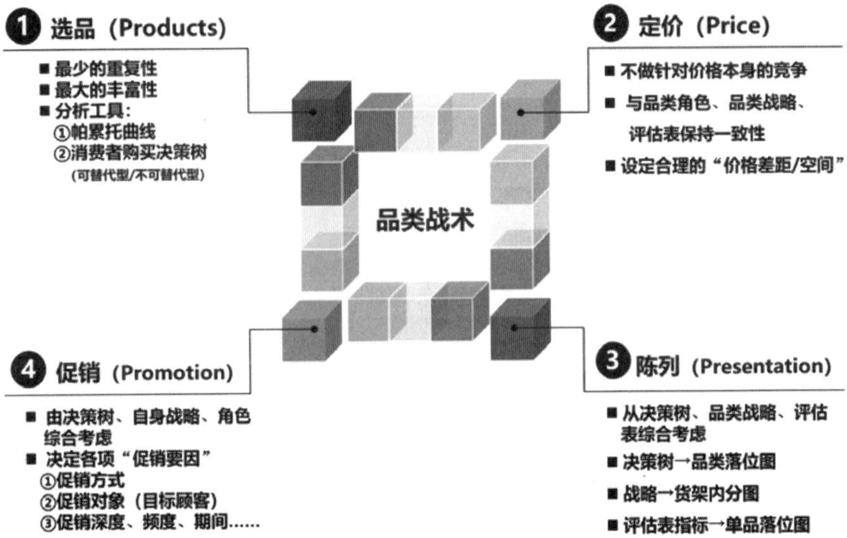

图6–4 品类战术包括四个方面，即4P

1.选品

最少的重复性，最大的丰富性。分析工具：市场覆盖率分析图、决策树（可替代性/不可替代性）。

2.定价

不做针对价格本身的竞争；保持与品类角色、品类战略、评估表的一致性；设定合理的“价格差距与空间”。

3.陈列

从决策树、品类战略、评估表综合考虑，决策树→品类落位图，战略→货架分类图，评估表指标→单品落位图。

4.促销

从决策树、店铺战略、角色综合考虑，决定各项“促销要因”，即：促销方式、促销对象（目标顾客）、促销深度、频度、期间等。

细心的您可能会发现，品类战术的这四个方面，与市场营销学中的4P非常相近。没错，品类战术就是脱胎于市场营销中的4P，甚至在一定程度上，整个品类管理理论都是从市场营销学中脱胎出来的。所以，在本书的开头就强调，品类管理与市场营销学一样，是一种思维方式和方法论体系，而不是一个工程或项目。

作为一种思维方式，品类管理不仅适用于零售业的商品部或采购员的工作，还适用于制造业的产品设计和开发、企业人员管理、资金占用等社会生产和经营活动的各个方面。

所以，如果本书能在使您了解品类管理本身的同时，还能对改善您的思维方式提供些许帮助，将是本书的一大荣幸。

■ 品类战术的理想状态

从整体上讲，运用品类战术来达到品类评估表中的各项指标，是您的最终目的。而在具体实施品类战术四个方面的时候，首先应在以下四个方面都要达到理想状态的平衡（见图6-5）。

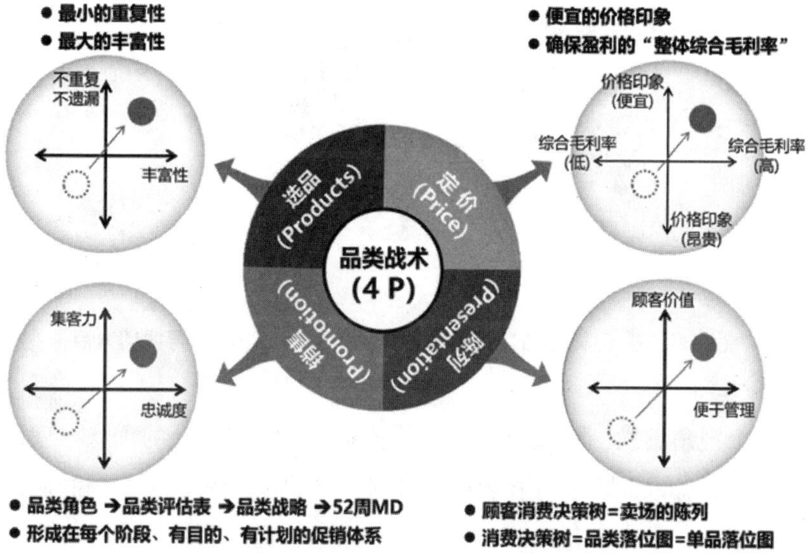

图6-5　采购员与经营者实施品类战术（4P）的理想状态与努力方向

一是选品的理想状态，即达到“MECE化”与“丰富性”的平衡；二是定价的理想状态，即达到“价格形象”与“毛利率”的平衡；三是陈列的理想状态，即达到“顾客便利性”与“店铺管理便利性”的平衡；四是促销的理想状态，即达到“短期强集客力”与“长期忠诚度”的平衡。

■ 品类战术的制定

品类战术的制定，一般从“品类评估”“品类角色”“品类战略”这3个视角寻找切入点（见图6-6）。

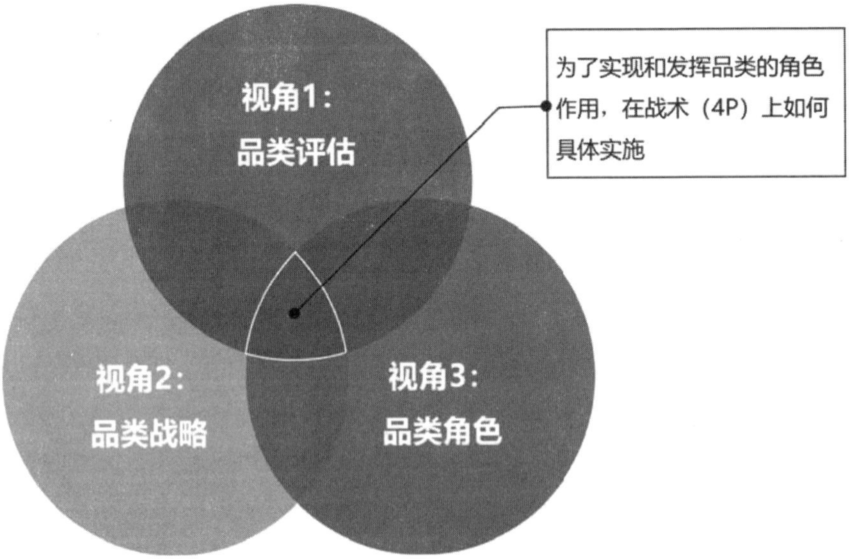

图6-6 从 品类评估、品类角色、品类战略 3个视角寻找切入点

从这 3 个视角出发，检视决策树中的各品类分支在4P上的现状与理想状态相比有什么不足，并以此出发寻找突破口（实际上也就是从 3 个不同的视角寻找差距，“差距思维”贯穿于整个品类管理的体系中，这种思维方式对于您平时其他的工作和生活也有着非常积极的意义）。

1.品类评估的视角

从品类评估发现的各种差距中，您会获得相应的行动提示，通过这些行动提示可以总结出在4P中的哪一方面需要改善。

图6-7中，一共从品类评估中发现了6个差距，而这些差距又都得到了相应的行动提示，因此，每个行动提示都需要在4P（选品、定价、陈列、促销）中的某个方面作出改善（见图6-7）。

品类评估的结果 (改善机会差距)	行动提示	战术
评估结果①	行动提示①	陈列
评估结果②	行动提示②	选品
评估结果③	行动提示③	陈列
评估结果④	行动提示④	价格
评估结果⑤	行动提示⑤	选品
评估结果⑥	行动提示⑥	促销

图6-7　从品类评估的视角寻找切入点

2.品类角色的视角

品类角色反映了一个品类分支的理想状态及其在决策树整体中应起到的作用，为了保证其能起到既定的作用，在4P方面要采取的具体措施自然是不同的。

图6-8既可以看作例子，也可以当作既成的结论来直接使用，这是在实践中针对不同的“品类角色”总结出的最佳战术组合。

角色	选品	定价	陈列	促销
目标性商品	最完善的商品组合 ■最精深的细分 ■所有的品牌 ■所有的规格	■领导性的价格 ■最高的性价比	■最好最优的位置 ■固定的、主要的货架位置 ■保证足够的货架库存	■高频率 ■多种方式
优先性商品	较完善的商品组合 ■行业内最精的细分 ■主要的品牌 ■主要的规格	■同业态中领导性的价格 ■同业态中，更好的性价比	■主要的、好的位置 ■足够的货架库存	■有重点的频率 ■多种方式
常规性商品	最主流的商品组合 ■最大众化的细分 ■主要的大众化品牌 ■主要的大众化规格	主要品牌的价格至少不输于竞争对手	■主要的货架位置 ■足够的货架库存	■一般频率 ■多种方式
时令商品	最主流的商品组合 ■最大众化的细分 ■季节性大众化品牌 ■主要的大众化规格	与竞争者价格接近	■当季最好的位置 ■适当的货架空间 ■足够的货架库存	■按季节/时间需要 ■多种方式
便利性商品	最具代表性的商品 ■最具代表性的细分 ■代表性的品牌 ■代表性的规格	非煽动性价格 随机性购买	■适当的货架空间 ■足够的货架库存 ■顾客易停留等待处，或必经之路	■较少促销，基本不需要促销

图6-8　从品类角色的视角寻找切入点

3.品类战略的视角

品类战略指明了某一分支的经营路线和方向，要具体实施这条路线并走对方向，就要采取相对应的战术组合。

图6-9同样既可以看作例子，也可以当作既成的结论来直接使用。这也是在实践中针对不同的“品类战略”总结出的最佳战术组合（见图6-9）。

战略	选品	定价	陈列	促销
顾客数增大战略 Traffic Generator	增加家庭渗透率或购买频率高的商品的配比	对价格弹性较高的商品，进行低于商圈竞争对手的政策	最显眼的陈列位置 最醒目的陈列方式	利用一切可以利用的宣传手段，告知目标顾客
阵地防卫战略 Position Defense	选取目标顾客关注度高的商品	不高于竞争对手 天天低价	对目标顾客关注度高的商品，给予最好的陈列位置	长期 轮流 不间断
客单价增大战略 Transaction Building	提高“高单价、组合装、量贩装”商品的占比	提高“高单价、组合装、量贩装”商品的性价比	提高“高单价、组合装、量贩装”商品的陈列占比	对顾客的大量购买进行激励
利润贡献战略 Profit Generating	提高“高毛利”商品的配比	对价格弹性低的商品，可以适当涨价	提高“高毛利”商品的陈列占比	避免价格战
兴奋增大战略 Excitement Creating	新商品 热门商品 流行品	不高于同业态的竞争对手	提高陈列占比	创造与热门话题相符的购物氛围
形象提升战略 Image - assortment	引进能加强店铺印象的独家商品	具有煽动性的价格	最显眼的陈列位置 最醒目的陈列方式	突出人文关怀的互动性活动

图6-9　从品类战略的视角寻找切入点

■ 品类战术的制定与分析工具

上面介绍了制定品类战术的 3 个视角，在具体制定每个战术细节的时候，是非常灵活的，因为市场是瞬息万变的，根本没有一定之规，需要结合实际情况具体问题具体分析。

在这里，再向大家介绍一些在制定品类战术时被行业内常用的经典分析工具和思考模型。

虽然其中一些有其时代的局限性，但是具有很好的借鉴意义，还是那句话，理论本身并不重要，重要的是理论背后的思维方式。您学习经典理论和经典分析工具，是为了创造，就像您学习古典音乐并不是为了停留在中世纪，而是为了创造出更优美的当代经典音乐。

1.选品

对于选品，最理想的状态是“最少的重复性+最大的丰富性”，重复性太大会浪费您的经营资源，但为了避免重复性而降低了商品的丰富性，又会给顾客的选择带来困扰。

因此，在选品时，为了兼顾重复性和丰富性，使其达到最佳的平衡，需要做到“尽量多的种类、尽量少的存货。”

为实现这个目标，比较经典常用的思考工具有4个。

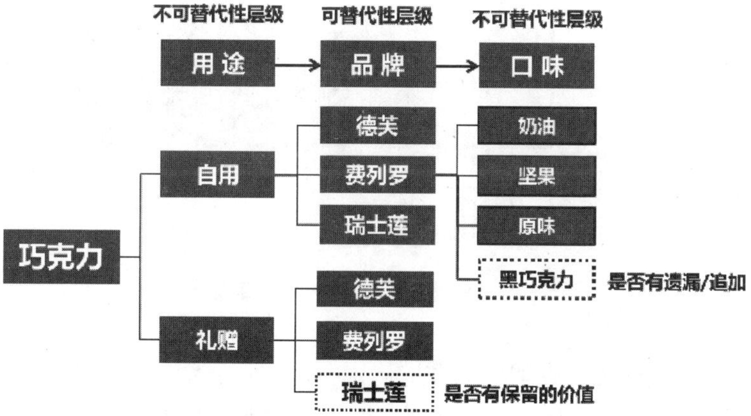

图6-10　利用可替代性与不可替代性使决策树达到MECE化

一是利用可替代性与不可替代性使决策树达到 MECE 化，如图 6–10 所示。检视可替代性与不可替代性，保证决策树中每个种类的 MECE 化，利用可替代化与不可替代性检视决策树，是在商品“种类”级别上保证“最少的重复性、最大的丰富性”。

您还应注意，对于不可替代性层级，是否还有遗漏的分支？是否存在不必要的分支？对于可替代性层级，各个分支间的替代性有多强？替代性过强的是否应该删减？

二是帕累托曲线—— 确定单品数。这里引用了著名的“帕累托曲线”作为选品工具，将市场上和店铺的所有商品按照销售额占比（或销售数量，可依需要而定）由大到小排序，然后将每个单品的销售额占比依此顺序累计，并由此绘制出一幅曲线图，即帕累托曲线。其纵轴是累计的销售额占比，横轴是从占比最高的单品到占比最低的单品自左至右排开（见图6–11）。

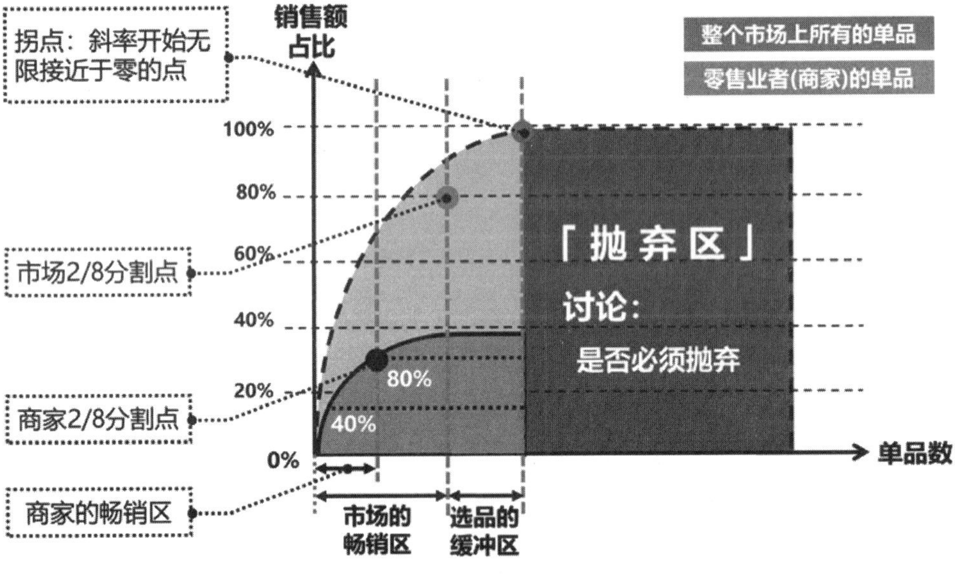

图6–11　帕累托曲线—— 确定单品数

从整个市场上挑选能容纳单品数的店铺，即决定店铺的市场占有率，这个市场占有率是指：本店铺从市场中所有的商品中，选取了多少而不是占领了多少市场。从品类评估、品类角色、品类战略综合考虑保留某个单品数的理由、删减某个单品数的理由。

三是从品类战略思考选品。针对品类战略的方向和路线，作为选品的思考切入点，也是很好的思路。需要注意的是，通过品类战略只是得到了一个选品的思路，具体的选品细节还需要进一步研究和讨论（见图6-12）。

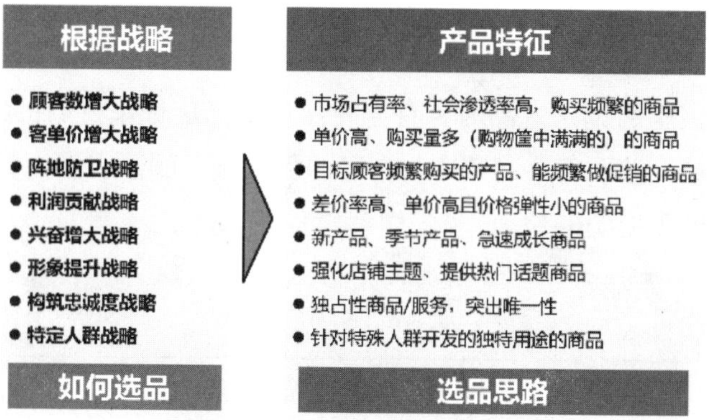

图6-12　从品类战略思考选品

同样的思路，也适用于品类角色、品类评估等。例如：您可以从品类角色的角度出发，得到选品的切入点，也可以从品类评估的差距中得到选品的启示。永远记住：品类管理是一个整体，是一种思维方式。

四是品牌完全店铺法。如图6-13所示，将一个店铺中应经营的品牌深度作为思考选品的切入点。这里需要说明一个概念：“完全店铺。”所谓完全店铺，是指一个店铺应该包括以下4种品牌：全国性品牌（National Brand）；地区性品牌（Local Brand）；店内限定品牌（Store Brand）；自有品牌（Private Brand）。

图6-13　品牌完全店铺法

必需商品是大部分人日常不断消费的商品；而非必需商品则是为了满足具体人群需要的具体商品，即此商品可以提高生活质量，没有此商品也不影响继续生活。

利用品牌完全店铺法选品时，首先要保证自己店铺里这4种品牌的商品都要有，然后从市场上选取每个品牌中与自己的目标顾客的需求最为契合的单品作为自己的经营范围（见图6–14）。

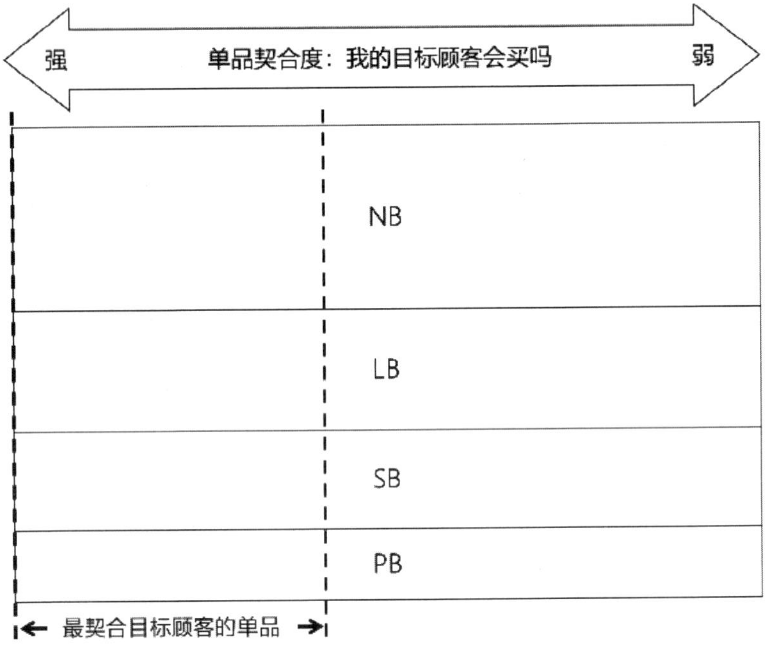

图6–14　利用品牌完全店铺法选品

2.价格

价格是帮助顾客作出购买决定的信号，是一个相对的概念。就像“石头剪刀布”，店铺商品的价格在顾客心目中是否便宜，也是相对的。总有人卖的商品比您贵，因此，如果滑入了单纯的价格战，等待您的，只有破产（见图6–15）。

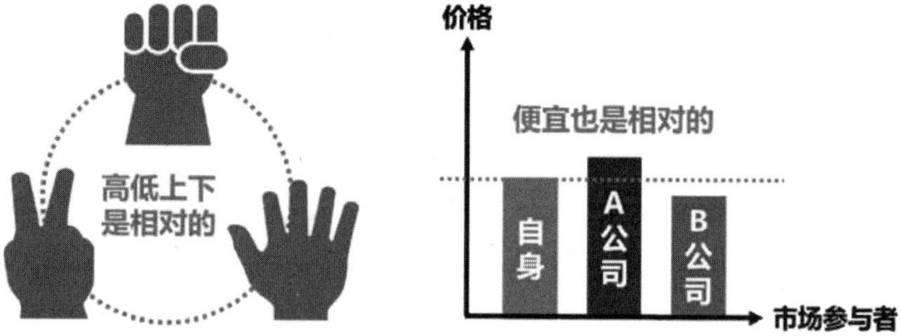

图6-15　高低上下是相对的，价格是否便宜也是如此

不能单纯以“是否足够便宜”来评价“价格战术”的成败。讨论如何降低成本，以期降低价格，这样的思路并没有错，但若仅仅以成本为基础来讨论定价策略，这样的思路就是错误的。

价格战术应该是为每个最小库存单位/最小售卖单位寻求最适合的价格差，以期将设定的目标实绩最大化，将关于价格本身的竞争（价格战）最小化，通过设定“价格差距”来反推自家店的价格。

设定价格时，不要直接确定店铺商品的价格本身，而是先找到参考系即竞争对手——对标对象/竞争对手，然后确定店铺商品与参考系的价格差，以此反求店铺的商品价格（见图6-16）。

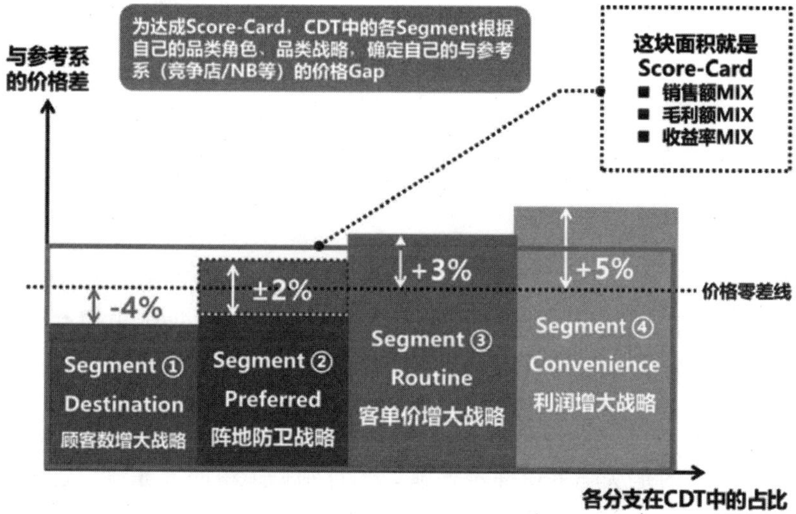

图6-16　“价格差”设定矩阵

根据每个分支的品类角色、品类战略，综合设定其与参考系的价格差。由此得出店铺与参考系（竞争店）之间的价格曲线（见图6–17）。

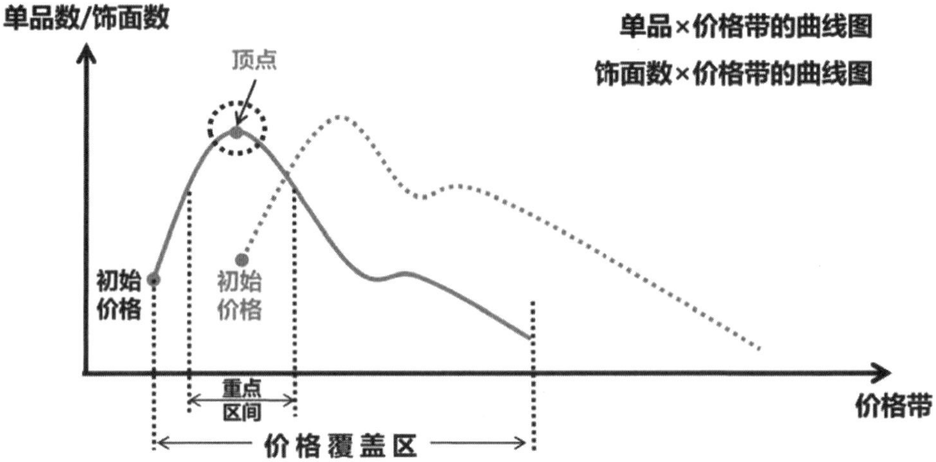

图6–17 价格差绘制图表

绘制价格曲线时，若纵轴是单品数，横轴是价格带；若纵轴是饰面数，横轴仍是价格带。

将店铺所有商品的价格，绘制成价格曲线时，要将实线的价格配置优于虚线的价格配置；这是因为优势价格越靠左越好（相对于目标顾客的消费域而言），曲线的总体趋势越向下越好（线性回归趋势线的斜率小于零）。

优势价格商品区域和范围并不是越大越好，要结合品类角色、品类战略、品类评估表来综合讨论。

3.陈列

在“品类定义”中就提到过，决策树就等于陈列图，即决策树 = 品类落位图（分支级别的位置和面积大小）与货架内分图（每个货架、每层空间的分配）、单品落位图。

图6–18描述的是从确定目标顾客起，一直到每个单品放在哪里、占多大位置的全部思维过程，这个图被称为“陈列决定塔”（见图6–18）。

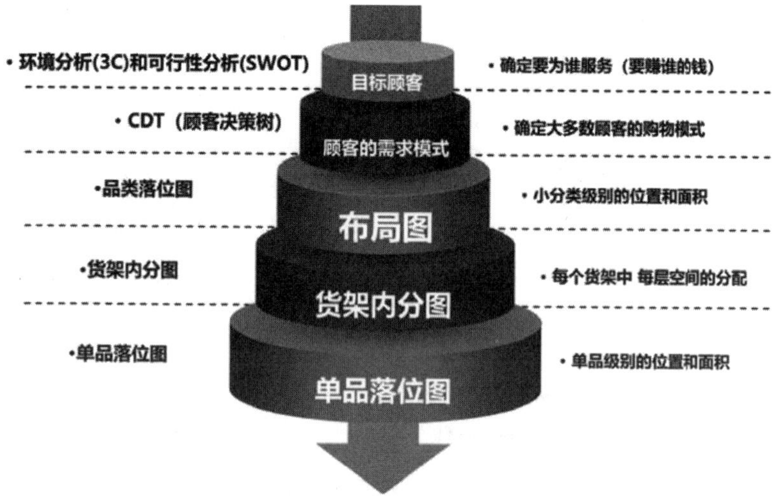

图6-18　陈列决定塔

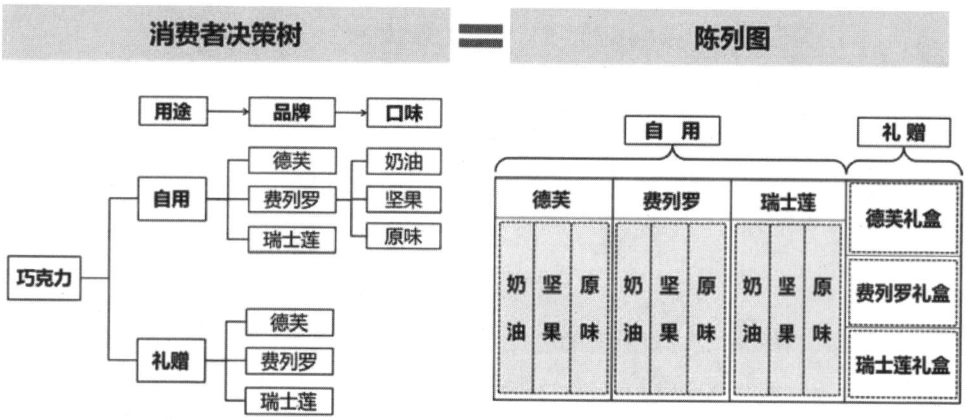

图6-19　商品陈列图

从第一章就一直强调“商品陈列由决策树而来”，如图6–19所示。现在，就开始详细介绍这其中的具体思维过程。

要了解如何由决策树导出单品陈列图，首先就要了解什么是“货架层高属性”。实际上，货架中的不同高度与顾客视线之间的协调度，决定了如何合理利用货架的每一寸空间，这就是“货架层高属性”（见图6–20）。

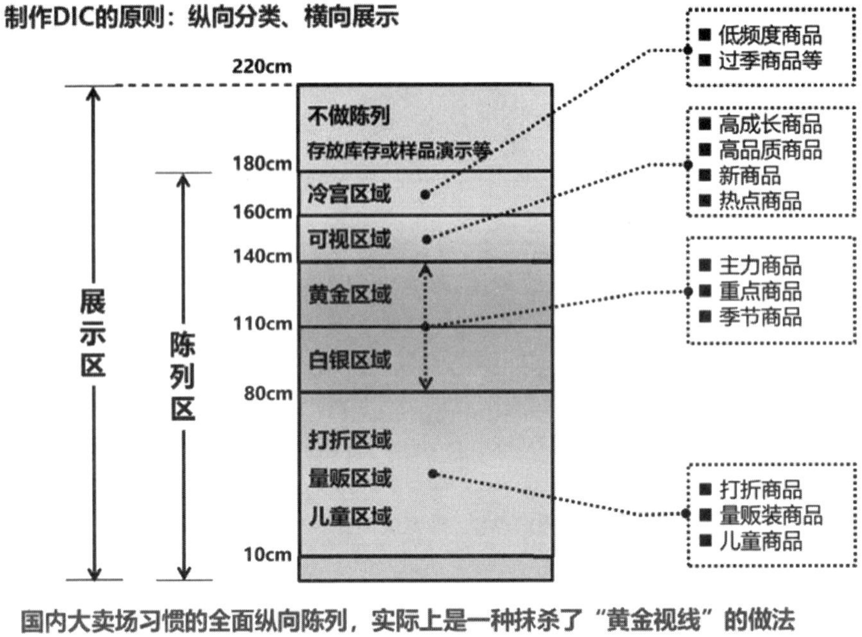

图6-20 货架中不同的高度与顾客视线的配合=货架层高属性

由于人的视线的局限性，当一位顾客在一组货架面前站立时，他的视线并不是平均分配到货架各个角落的，这也就衍生出了所谓的“黄金视线与黄金陈列区”的概念。

如果是一组180厘米的货架，它的中间两层（距地面80～140厘米的空间）是顾客经过时，自然落入顾客视线的区域。这片区域以上和以下的区域如何利用和衔接就成为零售业者的课题。

如图6-21所示，品类管理理论给出了一种解决方案，即以“层高属性”搭配“各个分支的品类战略”，以此来分配和利用货架中的各个区域。也就是将“货架层高属性”与“品类角色、品类战略、品类评估表”相结合，从而制定出陈列图的三个步骤。一是确定品类落位图，以决策树纵向划分每节货架；二是确定货架内分图，即层高属性+品类战略=横向实现战略部署；三是确定单品落位图，根据品类评估表调整每个单品存货的相对位置和饰面数（见图6-21）。

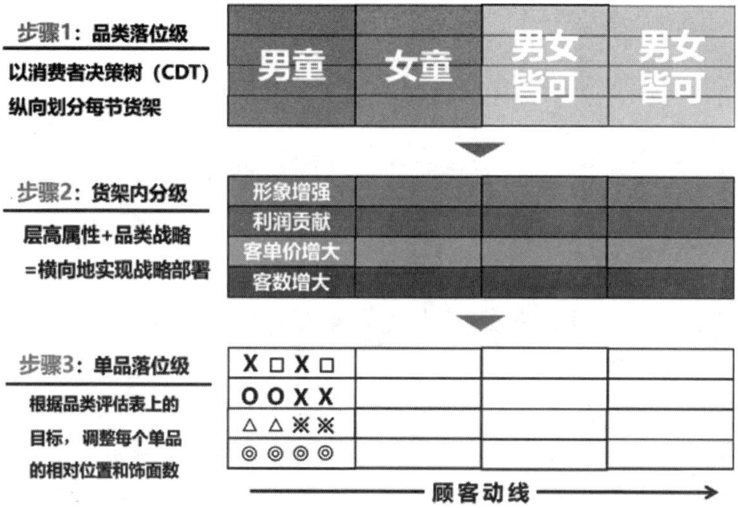

图6-21　决策树三步骤

4.促销

促销活动的制定，一定要有计划地实施，否则就会伤到投资收益率，要以促进类别达成整体设定为目标，一定要兼顾平衡性。

一般来说，以周为单位，结合品类角色、品类战略，在不同的时期对不同的品类分支进行有重点的促销（见图6-22）。

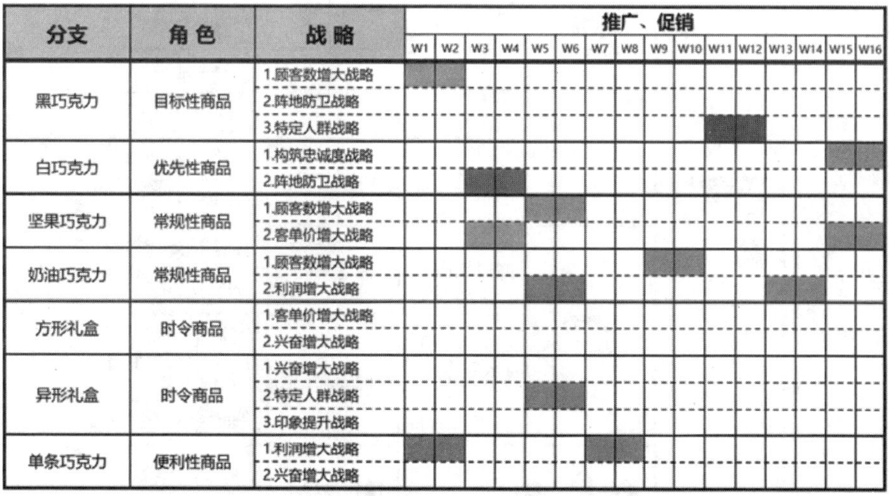

图6-22　巧克力决策树各分支的促销周计划

现在，仍以图6–22举例，在不同的时间段（季节、节日等），针对不同的种类制订不同的促销计划，以达到不同的战略目的。

注意，还要保持在同一时段中战略数值的平衡。如在W1–W2中，要实施“以低价为主”的顾客数增大活动时，一定要搭配能使“利润增大”的活动，以保证类别的整体数值平衡。

■ 完成一张完整的决策树（卖场编成）

将决策树、品类角色、品类战略、典型商品、品类战术、评估表的目标数值汇总到一张表格中，这个表格就是一个完整的“品类卖场编成”，就是经营者为满足顾客的某一种需求而作出的一整套商品规划，因此，卖场编成也被称为商品配置书（见图6–23）。

品类定义：CDT			品类角色	品类战略
品类	分类层级① 按用途分	分类层级② 按材料/包装分		
巧克力	普通装巧克力	黑巧克力	目标性商品	1. 顾客数增大战略
				2. 阵地防卫战略
				3. 特定人群战略
		白巧克力	优先性商品	1. 构筑忠诚度战略
				2. 阵地防卫战略
		坚果巧克力	常规性商品	1. 顾客数增大战略
				2. 客单价增大战略
		奶油巧克力	常规性商品	1. 顾客数增大战略
				2. 利润增大战略
	巧克力礼盒	方形礼盒	时令商品	1. 客单价增大战略
				2. 兴奋增大战略
		异形礼盒	时令商品	1. 兴奋增大战略
				2. 特定人群战略
				3. 印象提升战略
	单条装巧克力		便利性商品	1. 利润增大战略
				2. 兴奋增大战略

图6–23 包含品类管理所有分析结果的、完整的决策树（卖场编成）

卖场编成就是利用品类管理的思维方式，经过研究、分析、得出的消费者需求解决方案。余下的就是如何实现这套方案，即：如何通过店铺的执行，使“商品配置书”真的变成“卖场编成”（见图6–24）。

典型商品	品类战术				品类评估表（品类目标）					
	选品	定价	陈列	促销	销售额	构成比	毛利额	毛利率	相乘积	在库回报率
1.XX牌XX单品										
2.XX牌XX单品										
3.XX牌XX单品										
1.XX牌XX单品										
2.XX牌XX单品										
1.XX牌XX单品										
2.XX牌XX单品										
1.XX牌XX单品										
2.XX牌XX单品										
1.XX牌XX单品										
2.XX牌XX单品										
1.XX牌XX单品										
2.XX牌XX单品										
3.XX牌XX单品										
1.XX牌XX单品										
2.XX牌XX单品										

图6–24　包含品类管理所有分析结果的、完整的决策树（卖场编成）

第七章

品类实施与回顾

品类实施的核心要义就是在制定“品类定义、品类角色、品类评估与评估表、品类战略、品类战术”时，要充分考虑在店铺中如何具体实现品类的战略战术；如何监控、监管品类战略在店铺的实施；当战略出现错误时，如何修正原来的战略。这三个问题是最基本也是最重要的问题。

当“品类定义、品类角色、品类评估与评估表、品类战略、品类战术”达到满意的结果后，再以4P的形式，传达给门店或网站平台的执行者们。

4P作为实现品类角色作用的具体措施，在执行层面上，就需要在销售第一线的员工们在每天的工作中执行到位。所以，一定要用能让一线员工看得懂的形式，来保证4P的执行效果。

在具体工作中，表达4P的方法有很多，这里向大家推荐其中一种最常用、最基础，却也是最有效的方法：一张图 + 一张表 = 陈列指示书（见图7–1）。

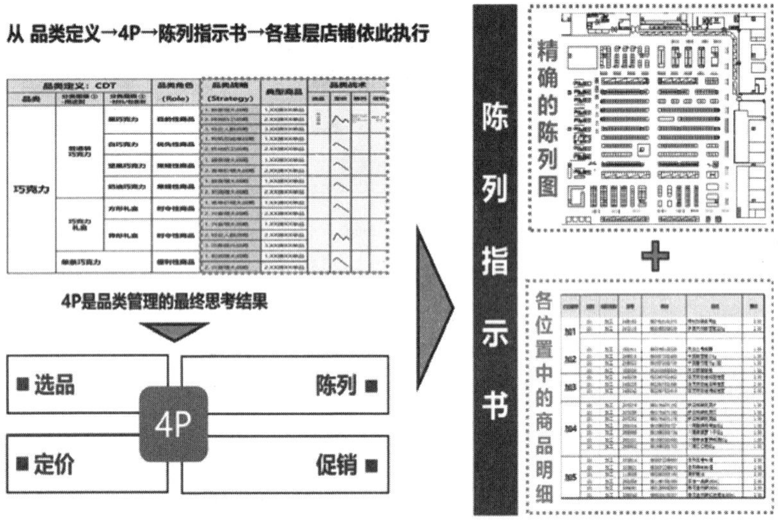

图7–1　以“陈列指示书”的形式，将4P明确告知销售第一线

■ 一张图：带有各个位置编号的陈列图

陈列图最好是使用办公软件EXCEL绘制的、带有精确比例尺的图纸，之所以推荐使用EXCEL来绘制（虽然绘制时非常麻烦），是因为EXCEL在各个办公软件中应用最广泛，且对于电脑配置的要求不高，可以最大限度地节约沟通和硬件成本。而带有精确比例尺的理由，是为了避免图纸与实际场地的面积不符，造成图纸无效。

陈列图的位置编号要一一对应商品清单，位置编号一定要与陈列图一致。如果是促销计划的商品明细，务必标明促销成本的变更时间，避免订货时出现“高买低卖”的失误。

■ 品类回顾

如图7–2所示，品类回顾归纳起来有以下四点。

1.计划

通过品类管理的思考和分析，得出“卖场编成或商品配置书”。

2.实施

根据4P制作陈列指示书，发送给实际执行者。

3.检查

实时监控“各个营业指标的实绩”与“品类评估表的各个目标数值”之间是否存在差异。

4.纠正

如果实绩与目标之间出现了严重的偏差，马上寻找原因，并立即纠正错误。

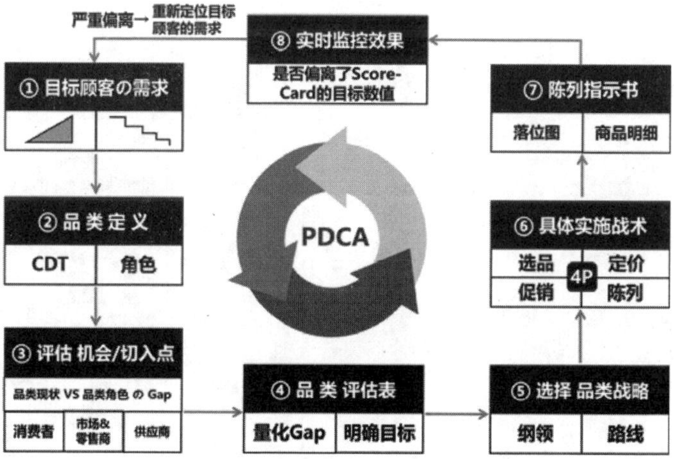

图7–2　品类回顾

结　语

品类定义、品类角色、品类评估与评估表、品类战略、品类战术，就是“品类管理”的一整套方法论。它脱胎于市场营销学，因此它和市场营销学一样，是一种指导经营行为的理念，是一种思维方式与方法论体系。

然而，目前国内的大多数零售业或超市，都在商品部或采购部之外，还额外成立了独立的“品类管理部或小组”，这是对品类管理的认识存在误区造成的。品类管理作为采购员或经营者必备的一种思维方式，绝不能从采购员或经营者的日常工作中剥离出去。

如果让其他部门代替采购员或经营者去完成这个工作，那么，采购员或经营者的工作内容又是什么呢？采购员或经营者不去独立自主地思考自己的4P，又怎么能筛选出优秀的供应商和优质、适销的商品呢？

这实际上是将“品类管理”当作一个孤立存在的项目或工程，完全背离了品类管理的本质与初衷。这是一种极不规范的现象，作为一个优秀的采购员或经营者，一定要有改善“品类管理”思维方式的意识和责任感，而不是仅仅追求眼前的、短期的“销售传奇”。